Thomas Leoncini

Stark wie das Leben, flüssig wie die Liebe

Thomas Leoncini

Stark wie das Leben, flüssig wie die Liebe

Aus dem Italienischen
von Sigrid Irimia

HERDER

FREIBURG · BASEL · WIEN

Titel der Originalausgabe:
Forte come la vita, liquid come l'amore

FSC
www.fsc.org
MIX
Papier aus verantwortungsvollen Quellen
FSC® C014496

Für die deutschsprachige Ausgabe

www.herder.de

Satz: ZeroSoft, Timisoara
Herstellung: GGP Media GmbH, Pößneck

Printed in Germany
ISBN Print: 978-3-451-03377-3
ISBN E-Book: 978-3-451-82675-7

„Hast du Luftschlösser gebaut, so braucht deine Arbeit nicht verloren zu sein. Eben dort sollten sie sein. Jetzt lege das Fundament darunter!“

Henry David Thoreau

Inhalt

An meine jungen Brüder und Schwestern

THE DALAI LAMA

Ich freue mich sehr, mich auf Anregung Thomas Leoncinis an meine jungen Brüder und Schwestern in der Welt wenden zu können.

Ihr jungen Menschen seid aufgerufen, eine wesentliche Rolle bei der Gestaltung der Zukunft unserer Welt zu spielen. In den zunehmend fortschrittlichen und vernetzten Gesellschaften unserer Tage sind die alten indischen Ideale des Mitgefühls und der Gewaltlosigkeit (Karuna und Ahimsa) immer noch unentbehrliche Eckpfeiler. Wollen die Menschen glücklich zusammenleben, sind sie auf diese Eigenschaften angewiesen. Diese Prinzipien sind nicht nur auf logischer Ebene sinnvoll, sie sind auch von unmittelbar praktischem Nutzen, ganz gleich ob man religiös ist oder nicht. Sie sind für die weltliche Ethik unverzichtbar. Ich habe keinen Zweifel daran, dass die Welt ein besserer Ort wäre, schenkten wir alle in unserem Alltag dem Mitgefühl und der Gewaltlosigkeit mehr Beachtung.

In diesen Tagen beschäftigen sich die Menschen intensiv mit Gesundheitsfragen. Wir widmen uns aktiv unserer physischen Hygiene, um die Gesundheit unseres Körpers zu erhalten. Meiner Meinung nach sollten wir aber ebenso sehr auf unsere emotionale Hygiene achten, um inneren Frieden zu erlangen und ihn zu pflegen. Wir müssen lernen, mit Wut, Angst und Furcht umzugehen und sie einzugrenzen. Der Schlüssel dazu liegt in der Erhaltung unseres inneren Friedens.

Wenn mich junge Menschen fragen, wie man eine glücklichere und friedvollere Welt erschafft, antworte ich: Seid ehrlich, aufrichtig und selbstlos. Wenn ihr euch dem Wohlergehen anderer widmet, bleibt keine Zeit mehr für Lügen, Mobbing und Betrug. Wenn ihr aufrichtig seid, wird euer Leben eindeutig und vertrauenerweckend sein, was die Grundlage jeder Freundschaft ist. Wir alle sind mehr oder minder von Egoismus getrieben, doch die Kunst liegt darin, eine weise Form des Egoismus zu pflegen: Wir sollten nie vergessen, wie großartig Menschlichkeit ist, und die Interessen anderer stets in den Vordergrund stellen.

Die letzte Quelle von Frieden und Glück ist die Zuneigung, die in uns liegt. Als Menschen zeichnen wir uns durch Intelligenz aus. Verbindet sich diese Intelligenz mit unserer Zuneigung, dann entsteht Glück.

Mit meinen Gebeten und besten Wünschen,

Erster Teil
Flüssig wie die Liebe (und die Schönheit)

Die Liebe ist woanders

Von klein an war ich überzeugt, ich sei schwindelfrei. Ohne jede Angst kletterte ich auf Leitern und war als Erster zur Stelle, wenn es eine durchgebrannte Glühbirne auszuwechseln gab. Auf der obersten Sprosse balancierend schälte ich sie aus der Verpackung. Mit einer Hand stützte ich mich gegen die Zimmerdecke, während ich meinen Körper auf einem Bein im Gleichgewicht hielt, als sei es ein Sockel, auf den ich, aus welchem Grund auch immer, rückhaltlos vertrauen konnte. Ich mochte es, Glühbirnen zu ersetzen.

Eines Tages war ich niedergeschlagen. An den Grund kann ich mich nicht mehr erinnern. Würde ich mir diesen jedes Mal merken, wenn ich in ein Tief gerate, wäre meine mentale Festplatte in wenigen Wochen voll. Der bewusste Grund für eine Depression ist wahrscheinlich stets ein Vorwand – frei nach William James: Zuerst kommt die Depression, dann suchen wir nach ihrer Ursache.

Auch an diesem Tag musste eine Glühbirne ausgetauscht werden. Die ausziehbare Leiter, so eine, wie man sie beim Umzug benutzt, war neu. Unbedacht zog ich sie weitmöglichst aus, machte einen Satz und fand mich eine Sekunde später auf der obersten Sprosse. Sobald mein Blick durch die aufgerissene Kunststoffpackung der Glühbirne hindurch auf die beigen Bodenfliesen unter mir fiel, spürte ich ein Kribbeln im Nacken, Schweißtropfen liefen an meinem Hals hinab, und meine Haare wurden feucht. Spontan schob ich die Verpackung aus meinem Blickfeld und schaute auf das, was unter mir lag. Sämtliche Formen überlagerten sich, ihre Konturen verschwammen, der Planet Erde, den ich unter mir gelassen hatte, war plötzlich ein völlig anderer: Es entbehrte jeder Logik und erzeugte in meinen Augen ein fremdartiges Schielen. Meine Sehorgane waren nicht mehr in der Lage, den Befehlen meines Gehirns zu gehorchen, sie folgten nur noch dem Willen des Chaos. Es fühlte sich an, als wäre mitten in meinen Pupillen ein Magnet eingelassen und jemand vor mir bewegte am Ende einer Angelschnur einen riesigen Eisenhaken hin und her. So etwas hatte ich noch nie gespürt.

Ich verletzte mich nur deshalb nicht beim Sturz von der Leiter, weil ich mich instinktiv auf das Bett fallen ließ, das meinen Aufprall abfing. An jenem Tag erfuhr ich, was ein Schwindelanfall ist. Was ich bis dahin mit der bagatellisierenden Unterstellung des Unwissenden als „Angst" abgetan hatte – „Angst zu fallen", „Angst, mir weh zu tun", „Angst, auf dem Boden zu landen", „Angst zu sterben", „Angst, die Kontrolle zu verlieren", „Angst, auf dem Rücken zu landen, die Beine in der Luft" –, verwandelte sich in diesem Moment in etwas anderes. Das Schwindelgefühl war jetzt zu meinem „Wunsch" geworden: „der Wunsch zu fallen", „der Wunsch, mir weh zu tun", „der Wunsch, auf dem Boden zu landen", „der Wunsch zu sterben", „der Wunsch, die Kontrolle zu verlieren", „der Wunsch, auf dem Rücken zu landen, die Beine in der Luft".

Hinter jeder Angst verbirgt sich ein Verlangen.

Heute kann ich wieder behaupten: Ich bin schwindelfrei, weil ich den Grund für meinen Schwindelanfall erkannt habe. Da ich meinen Impuls zur Selbstzerstörung kenne, sobald ich mich im sechsten oder im elften

Stockwerk auf dem Balkon hinauslehne, sage ich mir: „Das ist der irrationale Wunsch, mich hinunterzustürzen und so jede Hoffnung, die ich bisher hegte, mein Leben stets neu beginnen zu können, Lügen zu strafen."

Und so begann ich, davon zu sprechen, damit das Irrationale und die Wirklichkeit nicht zu weit auseinanderklafften; zumindest ist das eine Möglichkeit, dem zuvorzukommen. Der Selbstzerstörungstrieb ist typisch menschlich: Versuchen Sie nur, zusammen mit Ihren Katzen im einundzwanzigsten Stockwerk eines Wolkenkratzers auf der Terrasse zu leben. Sobald sich die Katzen mit der Örtlichkeit vertraut gemacht haben, werden sie sich ohne Zögern am höchsten Platz schlafen legen, dort, wo man über die ganze Stadt blicken kann. Kein Mensch würde hier jemals schlafen wollen. Katzen dagegen kennen keinen Schwindel aufgrund eines Verlangens, sterben zu wollen. Die Tiere selbst wissen nichts davon.

Neben der Höhenangst kann der Selbstzerstörungstrieb unzählige weitere Gestalten annehmen: Eine der geläufigsten ist die kranke, toxische Liebe, die uns auf den ersten Blick verletzt, unseren Selbstzerstörungstrieb jedoch viel zuverlässiger befriedigt als eine Leiter oder ein Balkon.

Die toxische Liebe ist unsere Lust zu fallen, zu sterben, ganz und gar zu kapitulieren. Sie ist unser Selbstzerstörungstrieb, der gepaart mit dem uns Vertrauten das Gift süß erscheinen lässt; denn dieser wohlbekannte Geschmack vermittelt uns ein Gefühl der Sicherheit. All das, was wir gewohnt sind, ist vorhersehbar: Je mehr wir uns auf uns selbst zurückgeworfen fühlen, unsicher, fließend, Teil einer fremden, ganz und gar unlogischen Welt, umso wertvoller wird für uns das Vertraute sein, ganz gleich wie es aussehen mag.

Das Vertraute, dieses Gift, das uns das Gefühl gibt, zu Hause zu sein, lähmt uns. Da wir uns heimisch fühlen, meinen wir, geliebt zu werden. In dieser Täuschung jedoch liegt einer der gefährlichsten Irrtümer unserer Gattung. Denn die Liebe ist woanders.

Die unstete Wandlung der Liebe

Nur was unsere unmittelbaren Bedürfnisse erfüllt, ist unserer Liebe wert. Und wenn es sie dauerhaft befriedigt bis hin zur wiederholten Erschöpfung des Verlangens, sind wir geneigt zu glauben, es habe eine allgemeingültige Bedeutung.

„Lieben" war vermutlich schon immer das missverständlichste und individuellste Verb der Welt, auch weil wir Liebe vor allem dann erfahren, wenn wir ihre Abwesenheit spüren. Wenn Sie eine repräsentative Personengruppe aus mindestens zehn verschiedenen Ländern nach der Bedeutung von „Liebe" fragen, werden Sie feststellen, wie sehr dieser Begriff kulturellen Schwankungen unterliegt, die in eben diesem Wort ihren maximalen Ausschlag erreichen.

Nicht einmal die großen Denker der Geschichte waren sich über die Bedeutung dieses äußerst gut erforschten und dennoch unfassbaren, unsteten, immerzu flüchtigen Begriffs einig.

Betrachten wir nur die berühmten Vorgänger unseres heutigen Denkens im antiken Griechenland, dort, wo alles seinen Anfang nahm. Da lesen wir in Platons *Symposion* über die Behauptung des Sokrates, die Liebe sei das Einzige, was er begreife. Und tatsächlich ist das *Symposion* ein grundlegender Text zu diesem Thema, den der französische Psychoanalytiker Jacques Lacan nicht zufällig als ein Werk betrachtet, das das westliche Bild von der Liebe bestimmt hat.

Liebe ist für viele eine Art Seelenkrankheit, die man aufgrund der extremen Verstörung, die sie auslöst, meiden sollte. So beispielsweise sehen es Epikur und sein Schüler Lukrez, der die Liebe als „die einzige Sache“ betrachtet, „nach der die Brust umso heftiger in unheilvoller Begierde erglüht, je mehr wir davon besitzen.“

Vielleicht dachte Pascal daran, als er vor nicht allzu langer Zeit vorschlug, die Liebe aus dem Gedächtnis zu streichen und sie aus den Themen, über die man philosophiert, endgültig auszuschließen: „Das Herz hat seine Gründe, die der Verstand nicht kennt.“

Halt, Schluss, aus.

Das ist ein nachvollziehbarere Grund, für einen Themenwechsel.

Doch in unserer Zeit passiert gerade etwas völlig anderes. In seinem Buch *Thank you for being late* beschreibt Thomas Friedman unsere Epoche als eine Zeit der Beschleunigung. So betrachtet liegt das Konzept der Liebe darin, leise und eindringlich eine der stärksten Beschleunigungen hingelegt zu haben.

Liebe wird immer mehr als eine Folge von Neuanfängen betrachtet, die nie einen logischen Schluss finden. In ihnen kann sich die Gefühlsspannung nicht nur nicht erschöpfen; sie muss sogar, wenn es denn geschieht, sofort durch eine ebenso starke Emotion ersetzt werden. Dabei tauscht man die beteiligte Person aus und behält als Konstante den Liebesbegriff.

Wir leben vermutlich weder in der Zeit der Monogamie noch und erst recht nicht in der der Polyamorie, dennoch leben wir in einer neuen Zeit: in der Ära der flüssigen Liebe, in der Treue bloß in unserer Vorstellung von der „Liebe“

existiert; hier erleben und empfinden wir eine Veränderung des Liebesziels – gelegentlich auch des Partners – nicht als Betrug gegenüber einer Person, sondern als ein Zeichen des Respekts gegenüber unserer individualistischen Spannung, die wir immer häufiger für Liebe halten und somit der Möglichkeit berauben, uns zu befriedigen.

Könnte die flüssige Liebe sprechen, würde sie vermutlich sagen: „Wenn ich dich hätte, wärst du mir nicht genug: Ich ziehe es vor, mir bei jedem Schritt, bei jedem Herzschlag und bei jedem Atemzug ein Bild von dir zu machen. Wenn ich dich haben könnte, würdest du mir in meinem Alltag noch viel mehr fehlen; ich würde jenen Teil von dir vermissen, den ich, je mehr er mir entglitt, als mein Eigen empfand."

Anscheinend durchläuft unsere Vorstellung von der Liebe eine individualistische Verwandlung, wobei sie sich vom Gegenüber befreit als von jemanden, der sich vom Ich unterscheidet. Das Ich eignet sich in der Liebe schrittweise den anderen an, jedoch nur in dem, was seinem eigenen Wesen gleicht.

So entwickelt sich die Liebe in jeder Hinsicht zu einem individualistischen Konzept: Sie ist ein privates Problem, das öffentlich danach verlangt, sich selbst aufzulösen.

In einer stark vernetzten Welt wie der unseren, in der wir alle über Nacht entdecken können, dass wir zum VIP geworden sind – zu einer Person also, die wegen ihrer Berühmtheit berühmt wurde, nicht etwa wegen einer besonderen Eigenschaft, die sie von anderen unterscheidet –, in einer Welt, in der Privatheit nur noch eine Illusion ist, wird die Liebe zur Schau gestellt und mit dem Ziel geteilt, einen Profit daraus zu schlagen, der dem Marktwert entspricht.

Nicht zufällig verwalten jüngere Menschen ihre Liebesbeziehungen, als wären diese Aktienportfolios und sie selbst abgeklärte Broker.

Kurz vor seinem Freitod schrieb Cesare Pavese, man nehme sich nicht wegen *einer* Frau das Leben, sondern weil eine, und zwar jede beliebige Liebe, uns in unserer eigenen Nacktheit und unserem Elend, in unserer Hilflosigkeit und Nichtigkeit bloßstellt.

Wir sind zu Sklaven des befristeten Besitzes geworden, doch wir idealisieren und erträumen ihn uns weiter als etwas Endgültiges; besonders beunruhigend ist dabei die Tatsache, dass wir diesen begrenzten Zustand für „Liebe" halten.

Das ist unser Los, seitdem sich der Individualismus offiziell gegen den Gemeinschaftsgedanken durchgesetzt hat und den Menschen nun vorgaukelt, sie könnten zumindest scheinbar auf Zusammenhalt und Gemeinschaft verzichten – Konzepte, die früher als eine Notwendigkeit galten.

In nur wenigen Jahren sind wir von einer Produktions- zu einer Konsumgesellschaft geworden, in der sogar ein altes originäres Konzept wie das der Liebe den Vorstellungen von Konsum, Abfall und Recycling nachgibt, welche die Gewohnheit ersetzen, abgenutzte und mit der Zeit vermutlich beschädigte Gegenstände möglichst zu „reparieren" – dies gilt insbesondere für Menschen, die im Zeitalter der flüssigen Liebe, das heißt ab den 1980er-Jahren geboren sind.

Offenbar erbringen in der westlichen Gesellschaft nicht Zuverlässigkeit und Vertrauen in ein Produkt den höchsten Gewinn, sondern vielmehr das Tempo, mit dem man sich frei fühlt, dieses Produkt zu entsorgen und sich ein besseres anzuschaffen. Auf diese Weise entartet allmählich die Vorstellung von Vertrauen. Denn sie begreift sich immer mehr als ein Vertrauen in die Freiheit: die Freiheit, die Abhängigkeit zu überwinden, die im Vertrauen selbst liegt.

Das fremde Herz

Weshalb macht uns die Liebe so große Angst? Kann sie uns noch furchtbarer erscheinen als der Tod? Es ist einzigartig, wie ohnmächtig wir uns gegenüber der Liebe fühlen.

Ich möchte an dieser Stelle eine Geschichte über Tierliebe erzählen, denn ich finde es zu einseitig, auf der rein menschlichen Ebene zu bleiben, selbst wenn es sich um unterschiedliche Formen der Liebe handelt: Ich hatte einen wunderschönen Kater namens Tino. Mit seinem langen schwarzen Fell strotzte er sichtlich vor Gesundheit. Er streunte im Garten herum und empfing mich jeden Abend, glücklich über meine Heimkehr und in freudiger Erwartung der streichelnden Hände und selbstverständlich der Leckereien, die ich für ihn bereithielt. Eines Tages sah er eine farbenprächtige Katze vorsichtig über den Rasen schlendern. Nach kurzer Zeit brachte sie fünf schwarze Junge zur Welt, Lebendkopien meines Katers, doch leider überlebte sie die Geburt nicht. Ab diesem Zeitpunkt war Tino nicht mehr derselbe: Er war rastlos, wartete abends nicht mehr auf mich, um mich freudig zu begrüßen, und er aß fast nichts mehr. Vermutlich hatte er noch die himmlischen Gefühle im Kopf – weshalb sollte man die Liebe zwischen Tieren auf Sex reduzieren? –, die er mit der Katze erlebt hatte und wieder erleben wollte, konnte jedoch nicht verstehen, dass die Mutter der Kätzchen nicht mehr lebte.

Eines Tages lag mein Kater tot auf der gefährlichen Straße, die er vermutlich auf der Suche nach seiner Katze ständig überquert hatte. Seine einzige Schuld lag darin, seiner Sehnsucht gefolgt zu sein. War es die Sehnsucht nach Liebe? Die Sehnsucht nach sexueller Erfüllung durch dieselbe Katze? Wer kann das wissen!

Und genau hier liegt das Problem: Wir Menschen haben immer Angst vor der Liebe, wir fürchten sie wie eine Krankheit, weil wir nicht lieben können, was wir möchten oder zu lieben entscheiden, sondern nur das, was wir begehren. Der Wille ist eine menschliche Eigenschaft, die Sicherheit verleiht: Unser Ich liebäugelt mit unseren Vorsätzen und treibt uns dazu, sie zu verwirklichen; zudem kann sich unser Wille auf den Verstand berufen. Können wir beispielsweise einen unserer Wünsche nicht erfüllen, dann vermag es unsere Ratio – unterstützt von unserem psychischen Immunsystem –, die Macht unseres Wunsches, etwas oder jemand „zu sein" oder „zu werden", mit der Zeit zu mildern; oder aber sie hilft uns dabei, Abkürzungen beziehungsweise ähnliche Wege zu finden, die zielführender sind. Die Wurzeln der Begierde dagegen wachsen stets im Dunkeln. Wir können ihrer Triebkraft, der unser Ich und unsere Eigenliebe meist hilflos ausgeliefert sind, nichts entgegensetzen.

Darin liegt der Kern unserer Angst vor der Liebe: Während ich begehren kann, was ich hasse, kann ich niemals wollen, was ich nicht will. Ein bekanntes Bonmot Woody Allens lautet: „Ich habe keine Angst vor dem Tod, ich möchte nur nicht dabei sein, wenn's passiert." Ersetzen wir den Begriff „Tod" durch „Liebe", könnte dies eine gültige Maxime vieler Menschen sein.

Fénelon behauptete: „Das Feuer verzehrt alles, was nicht reines Gold ist." Es ist also eben diese Flamme, der wir gerne eine Richtung geben möchten, doch sie verbrennt uns rücksichtslos, als würden wir einem unsichtbaren Raubtier zum Opfer fallen.

Die Liebe lässt uns an das „Alien-Hand-Syndrom" denken. Ich erinnere mich an den Bericht eines Mannes mittleren Alters, der mich sehr berührte. Als er nach einer Gehirnblutung von der besagten Symptomatik betroffen wurde, waren seine beiden Gehirnhälften komplett voneinander getrennt und vollkommen unfähig, miteinander zu kommunizieren. Was folgte daraus für seinen Alltag? Zum Beispiel war eine seiner Hände völlig abgespalten von seinem Willen und führte ein Eigenleben: Statt den Befehlen des Gehirns zu gehorchen, hatte sie sich die Freiheit genommen, ihre eigenen Bewegungen auszuführen. Stellen wir uns vor, wie es wäre, wenn wir eine Hand hätten, die eine solche Unabhängigkeit genießt! Eine Hand könnte der anderen kein Essen reichen, denn eine von ihnen wäre ja ganz unzuverlässig; wir könnten nicht in Ruhe in einer Zeitung blättern, denn wir müssten darauf achten, dass sie nicht von der „fremden Hand" zugeschlagen wird; und genauso wenig könnten wir Auto fahren.

Ein anderer Betroffener berichtete, er könne nicht mehr rauchen, denn jedes Mal, wenn er dies versuche, schlage ihm eine Hand die Zigarette aus dem Mund und werfe sie zu Boden. Auch wenn diese Störung vielen hartgesottenen Rauchern von Nutzen wäre, so kann sie dennoch große Probleme bereiten. So erlebte es eine Frau, die nachts ständig aus dem Schlaf gerissen wurde, mit Schmerzen im Bereich der Luftröhre und sichtbaren Hautrötungen am Hals. Nach nicht allzu langer Zeit bestätigte sich der beängstigende Verdacht: Sobald die Frau einschlief, wurde die vom Gehirn unabhängige Hand aktiv und begann, sie bis hin zur Bewusstlosigkeit zu würgen. Von nun an sah sich die Frau gezwungen, ihre „fremde Hand“ vor dem Schlafengehen an den Bettpfosten festzubinden.

Liebe ist stets „ein fremdes Herz“. In ihrem verführerischen Gewand lässt uns die Begierde Gefühle, Leidenschaften und Schmerzen empfinden, die völlig irrational sind, ganz und gar abgehoben von dem, was uns unser Verstand signalisieren müsste. Sie gaukelt uns vor, in höheren Sphären einer anderen Welt zu weilen, um uns den Todesstoß zu versetzen, wenn wir es am wenigsten erwarten – so raubt uns die Begierde im wahrsten Sinne des Wortes den Atem. Vielleicht stoßen wir eines Tages in einem Medizinbuch – so wie im Falle der „fremden Hand“ – auf ein Kapitel über das „Alien-*Heart*-Syndrom“.

Frauen, die nicht geliebt wurden

Als ich während meiner Grundschuljahre den Kommunionsunterricht besuchte, war ich danach jedes Mal verwirrt. Der Katechismus stieß mich in eine Art labyrinthische Paranoia, denn er weckte in mir fortwährend Fragen, auf die ich keine Antwort fand. Damals hatte ich eine platonische Beziehung zu einem Mädchen aus meiner Klasse: „Wir liebten uns" und schienen füreinander geschaffen. Da sie sehr gläubig war und ich nicht die Chance verpassen wollte, sie zu sehen, entschied ich mich, begeistert in den Kommunionsunterricht zu gehen. Zugegebenermaßen war ich in der Schule eine riesige Nervensäge und stellte alles in Frage, was unsere Lehrerin mit Nonchalance erklärte, als handelte es sich um offenkundige Dinge von augenfälliger Evidenz. Ich erinnere mich, wie sie uns eines Tages ermahnte: „Lernt, denn wenn ihr es nicht tut, ist Gott unglücklich und bestraft euch; betet, denn wenn ihr es nicht tut, erkennt euch Gott nicht als seine Kinder an!" Begreiflicherweise bestürzt, verfielen alle Kinder in eine Art mystischer Stille, die keiner zu unterbrechen wagte. Da ich damals schon die schlechte Angewohnheit hatte, Worte ernst zu nehmen, hakte ich nach mit einer Überlegung von der Sorte: „Ich kenne einen großen Jungen von mindestens 25 Jahren, der noch nie gebetet hat. Er ist drei Mal sitzengeblieben, aber es geht ihm blendend!

Wie ist das möglich?" Und ich fügte hinzu: „Aber, Frau Lehrerin, wie Leben denn die Kinder, die unseren Glauben nicht kennen? Sind sie alle Sünder und werden regelmäßig bestraft?" Und schließlich: „Aber wie kann sich Gott alle Menschen merken, die er bestrafen will? Wie viele Köpfe hat er denn? Da können wir doch nicht nach dem Bilde Gottes geschaffen sein, sonst ..."

Die Lehrerin, die nun nicht wusste, was sie darauf antworten sollte, nannte mich ungezogen und vorlaut und warf mich aus dem Klassenzimmer. Doch das machte die Sache für mich auch nicht klarer.

Dann kam der verhängnisvolle Tag, als die Lehrerin über die Zehn Gebote zu sprechen kam. Dazu möchte ich vorausschicken, dass ich mit meinen acht Jahren gegenüber dem Mädchen, in das ich platonisch verliebt war, ernste Absichten hegte.

Beim neunten Gebot, „Du sollst nicht begehren deines Nächsten Weib!", schaute ich voller Stolz zu Elena, als wollte ich sagen: „Wer begehrt schon andere Frauen! Ich habe dich und bei dir will ich bleiben." Verlegen erwiderte sie meinen Blick, worauf ich mich befriedigt in die mütterlichen Augen unserer Lehrerin flüchtete. Ich dachte für mich: „Bravo, Thomas, diesmal hast du sie tatsächlich beeindruckt! Elena hat deine Botschaft sofort verstanden. Hoffen wir, dass auch sie keine Frauen deines Nächsten begehrt ..., ich meine: Männer deiner Nächsten." Ziemlich beunruhigt darüber, dass das andere Geschlecht vergessen worden war, suchte ich das Blatt mit den Geboten. Nein, ich hatte richtig verstanden: Das neunte Gebot war nur für Männer gemacht, als gäbe es gar keine Frauen. Und plötzlich verstand ich das genaue Gegenteil. Seitdem war ich überzeugt davon, dass Gott unbedingt eine Frau sein musste! Eine Frau, die alle Männer dieser Welt begehren wollte, ohne zu sündigen!

Und die Zehn Gebote erschienen mir nun als eine ernste und ungerechte Gefahr für meine zukünftige Beziehung mit Elena. Ich versuchte, meiner Lehrerin Fragen zu stellen, fand mich deshalb aber nur wieder vor die Tür gestellt. Ich war ein nutzloser Revoluzzer.

Bedauerlicherweise wurde mir später klar, dass Frauen, da sie aus Politik und Verwaltung ausgeschlossen waren, es auch nicht wert waren, in den Zehn Geboten erwähnt zu werden: Man betrachtete sie als pure Objekte der Begierde und konnte sich nicht vorstellen, dass sie sich selbst nach Männern sehnten. Nur die Männer mussten ihre sexuellen Fantasien im Zaum halten, Frauen durften solcherlei nicht einmal in der Vorkammer ihres Gehirns haben.

Die Geschichte – und dies war nur ein einfaches Beispiel – ist ein einziger Friedhof weiblichen Schweigens. Über Jahrtausende haben Männer die Würde von Frauen zu Grabe getragen. Erst jetzt findet sie endlich eine eigene Stimme.

Mich fasziniert die Philosophie. Aus diesem Grund habe ich einige ihrer bekanntesten Vertreter verschiedener Epochen ausgesucht, um einige Momentaufnahmen vergangener Kulturen zu betrachten, bevor wir uns unserer gegenwärtigen Gesellschaft zuwenden. Die Öffentlichkeit kennt unzählige Aphorismen dieser Männer, weiß jedoch mit Sicherheit wenig über ihre Haltung gegenüber Frauen. Doch treten wir einen Schritt zurück, oder besser gesagt: mehr als zweitausendvierhundertfünfzig Schritte, nämlich einen für jedes Jahr.

Sokrates, der als Gründungsvater der Philosophie gilt, hatte laut Platons *Symposion* (*Das Gastmahl*) eine Lehrerin namens Diotima, die ihn die Dinge des Lebens und der „Erotik“ unterrichtete. Damit sind hier die „Dinge der Liebe“ gemeint, denn der Begriff „Erotik“ wird in einem viel weiteren Sinn verwendet, als wir es heute tun, wenn wir ihn ausschließlich mit der sexuellen Lust verbinden. Offenbar sind sich viele (männlichen) Gelehrte darüber einig, dass es diese Diotima niemals gab und sie nichts als eine Erfindung Platons ist. Meiner Meinung nach spielt das keine große Rolle, bedeutet schließlich das Lateinische „fingere" formen, modellieren und nicht von Grund auf neu erfinden. Wenn also Platon eine solche weibliche Figur zitiert, muss sie in seiner Vorstellungswelt eine wichtige Rolle gespielt haben. Immerhin durfte die Frau im damaligen Griechenland die Funktion einer „Lehrerin" ausüben, was in vielen späteren Epochen und Kulturen undenkbar war. Diotima kannte die „Kunst der Liebe" und behauptete, Lieben bedeute, Schmerz und Glück in Balance zu halten und im Gleichgewicht zu leben zwischen allen Besitzwünschen, stets im Bewusstsein dessen, was fehlt, und dennoch voller Hoffnung. Mit anderen Worten, warten zu können und beim Gedanken daran, was uns fehlt, unsere Seele nicht aufreiben zu müssen. Auf diese Weise entsteht das Bild von der Liebe als einer besitzlosen Begierde, als einem Zustand, über den man hinwegkommen muss und hinwegkommt.

Doch was hielten die großen Denkväter in Wirklichkeit von Frauen? Ich möchte im Folgenden die Aussagen einiger Philosophen und Intellektueller nachzeichnen, deren Bücher von Männern wie von Frauen meistgekauft werden. Dabei stelle ich mir vor, unter welchem Schlagwort sie subsummiert worden wären, hätte es damals die sozialen Medien gegeben, und benutze folgerichtig für jedes ein Hashtag.

#diefrauistzerbrechlich

Friedrich Nietzsche (1844–1900): Frauen „sind erfinderisch in Schwächen, um ganz und gar als zerbrechliche Zierarten zu erscheinen, denen selbst ein Stäubchen wehe tut [...] So wehren sie sich gegen die Starken und alles ‚Faustrecht'." (*Die fröhliche Wissenschaft*); „Der Mann ist für das Weib ein Mittel: der Zweck ist immer das Kind." (*Also sprach Zarathustra*); „[D]ie Weiber haben den Verstand, die Männer das Gemüt und die Leidenschaft." (*Menschliches, Allzumenschliches*)

#frauenzurunterwerfungerzogen
Arthur Schopenhauer (1788–1860), der in europäischen Buchhandlungen vermutlich meistgekaufte Philosoph des 19. Jahrhunderts: „Die Dame ist ein Wesen, das gar nicht existieren sollte. Statt ihrer sollte es Hausfrauen geben und Mädchen, die es zu werden hoffen." (*Die Kunst, mit Frauen umzugehen*)

#diefrauistsozialabhängig
Immanuel Kant (1724–1804): So wie Aude Lancelin und Marie Lemonnier in ihrem Buch *Les philosophes et l'amour* (*Die Philosophen und die Liebe*) schreiben, gilt Kant als ausgemachter Frauenhasser, ein konservativer Preuße alten Schlags, der es, euphemistisch ausgedrückt, nicht mochte, sich mit einer Frau über seine philosophischen Ansichten oder über die Französische Revolution zu unterhalten. So kam es nicht selten vor, dass Kant einer Gesprächspartnerin gegenüber äußerte, die Kenntnis und die Leitung der Küche bildeten die wahre Ehre der Frau; indem sie ihrem Mann, wenn dieser nach einem anstrengenden Vormittag müde und matt am Tisch sitze, erfreue und erfrische, würde sie sich selbst bei einem beruhigenden Gespräch Freude bereiten und so weiter.

#diefraumussgehorchen
Jean-Jacques Rousseau (1712–1778): „Der moralische Aspekt der Liebe ist ein künstliches Gefühl; er entspringt

gesellschaftlichen Bräuchen und wird von Frauen mit großer Sorgfalt und Geschick hochgehalten, um ihre Herrschaft zu errichten und das Geschlecht, das gehorchen sollte, zum Gebieter zu erheben." (*Abhandlung über den Ursprung und die Grundlagen der Ungleichheit unter den Menschen*)

#dasrechtdiegesetzeabzulehnen
Michel de Montaigne (1533–1592): „Die Frauen haben das Recht, sich gegen das Gesetz aufzulehnen, denn wir haben es ohne ihre Zustimmung gemacht." (*Essais*)

#platondiskriminiertnicht
Schließlich behauptet Platon (428 oder 427 v. Chr. - 348 oder 347 n. Chr.) im fünften Buch der *Politeia* (*Der Staat*), einem seiner bekanntesten Bücher, es gebe keine spezifisch männlichen beziehungsweise weiblichen Tätigkeiten, daher auch kein Verbot für Frauen, am politischen Leben und an der Bildung teilzuhaben. Nur wenn man Menschen in ihren unterschiedlichen Rollen auf die Probe stelle, ließen sich die Unterschiede zwischen ihnen ganz ohne Geschlechterdiskriminierung erfassen.

Durchforstet man den größten Teil der Geschichtsbücher und philosophischen Abhandlungen, stößt man auf nur wenige Seiten, die Frauenfiguren und ihren Werken gewidmet sind – nicht weil Frauen nichts zu sagen hätten, sondern weil Männer sie in den allermeisten Fällen auf unerklärliche und schuldhafte Weise für minderwertig hielten. Frauen wurden in der Vergangenheit in ihrem Moralempfinden verletzt und vom sozialen Leben ausgeschlossen.

Doch wie sieht die Wirklichkeit für Frauen heute aus? In den letzten hundert Jahren italienischer Geschichte lassen sich große Fortschritte vermerken, ebenso erkennt man aber auch den Einsatz „zweischneidiger Schwerter“.

Das Frauenwahlrecht, sprich: die Erweiterung des Wahlrechts auf Frauen, ist den Forderungen einer großen Reformbewegung zu verdanken, die im 18. Jahrhundert in Frankreich entstand. Gleichwohl machte sich diese Bewegung in Italien erst 1946 bemerkbar, als Frauen über 21 – das damalige Alter der Volljährigkeit – zum ersten Mal ihre politische Meinung äußern durften (in Deutschland wurde 1918 das Frauenwahlrecht gesetzlich eingeführt). Dieses langersehnte Recht legte mit Sicherheit den Grundstein für den sogenannten Feminismus gegen Ende der 1960er-Jahre.

Ebendies lässt sich als „zweischneidiges Schwert“ betrachten, und zwar aus einem einfachen Grund: weil dieser Feminismus nach Freiheit strebt, indem er Rechte und Chancen von Frauen an die der Männer anzugleichen versucht. Doch die Freiheit, nach der Frauen eigentlich trachteten, mag vielleicht jene gewesen sein, sich unabhängig von den Männern zu entwickeln und die fremdbestimmten gesellschaftlichen Strukturen zu überwinden, die ihre Identität bis zu jenem Zeitpunkt geprägt hatten.

Niemand denkt daran, Frauen zum Maßstab für Männer zu erheben; genau das jedoch geschieht im umgekehrten Fall, nicht zuletzt aufgrund der fortgesetzten Forderung von Frauen: „Wir wollen die gleichen Rechte wie die Männer.“

Das Bedürfnis von Frauen, geliebt zu werden – als dringlicher Wunsch, der keinerlei Aufschub mehr erlaubt –, mag heute durchaus physiologischer Natur, ja, ich möchte sagen: „evolutionistisch“ sein; und zwar wegen all der Gefühle, die eine ausschließlich männliche Gesellschaft unterdrückt hat und im Großen und Ganzen erst in den letzten Jahrzehnten zu erhören beschloss.

Unter den Gründen jedoch, weshalb die Konsumgesellschaft die Bedeutung von Frauen wiederentdeckt hat, wird ihre Rolle als Kundin mit Sicherheit nicht unterbewertet. Weltweit betrachtet haben nämlich Frauen selbst bei den Online-Käufen die Männer weit überholt.

Der Markt benutzt Menschen, als wären sie Spielfiguren, die er nach seinem Bilde erschafft. Und heute – die Fakten bestätigen es – misst er eben der Frau große Bedeutung bei.

Die Angst, nicht geliebt zu werden

Als Kind fürchtete ich mich im Dunkeln. Mag sein, es war nicht die Dunkelheit selbst, die mir Angst einflößte, sondern vielmehr die Vorstellung, im Dunkeln allein zu sein. Ich hatte eine Eigenschaft der Dunkelheit beobachtet, die mich beunruhigte: Heftete man im Dunkeln seinen Blick lange auf einen bestimmten Punkt, dann konnte man darin etwas erkennen; und wenn man sich dieses Etwas als eine bestimmte Form vorstellte, beispielsweise als eine Meerjungfrau, dann begann man ihre Konturen zu sehen.

Die Meerjungfrau habe ich nicht zufällig erwähnt: Sie war nämlich Gegenstand meines ersten Versuchs, die „ideale Dunkelheit" zu materialisieren. Ich hatte mich in die kleine Meerjungfrau aus dem Disney-Film verliebt, und ich erinnere mich, dass ich um die Welt gereist wäre, um sie zu finden: Sie konnte nicht bloß eine Zeichentrickfigur sein, sie war doch viel zu schön, um nicht echt zu sein. Ich weiß, viele Erwachsene meinen, wenn sie etwas Wunderbares sehen: „Das ist viel zu schön, um wahr zu sein." Ein Kind hingegen denkt: „Es ist viel zu schön, um nicht wahr zu sein."

So begann ich in jener Nacht, nachdem ich den Film zum dritten Mal in Folge gesehen hatte, wobei ich gründlich zwischen Vor- und der Rückspultaste gewechselt hatte, mir vorzustellen, dass sie sich in der Dunkelheit meines

Zimmers materialisierte. Das Problem war nur, dass ich dabei erkannte: Mir erscheint nicht meine Meerjungfrau, sondern irgendeine beliebige Gestalt. Seit jener Nacht peinigte mich die Dunkelheit richtiggehend. Ich empfand sie als unsichtbares Wesen, das ein Eigenleben führte und eine ganze Menge verbarg, lauter Dinge, die nicht für meine Augen gedacht waren.

Eines Tages fand meine Großmutter eine Lösung: „Es gibt nichts Besseres als diese kleinen Nachtlichter", sagte sie zu mir. Ich war vielleicht fünf oder sechs Jahre alt, aber ich erinnere mich daran, als wäre es gestern. Tatsächlich handelte es sich um einen gewöhnlichen Elektrostecker, auf dem statt eines Adapters für andere Stecker dieses runde Lämpchen mit matter, rauer Oberfläche montiert war. Die kleine Lampe beziehungsweise die geniale Lösung, die theoretisch dazu dienen sollte, meine Angst vor der Dunkelheit zu vertreiben, erhellte das Zimmer nicht nur in einem minimalen Radius rund um die Steckdose, sie erschuf darüber hinaus eine richtige Friedhofsstimmung. Dass das die denkbar schlimmsten Visionen begünstigte, ist naheliegend. Um meine Großmutter nicht zu sehr zu enttäuschen, tat ich in der ersten Nacht so, als ginge es mir besser. Sie kam zu mir, klopfte mir auf den Rücken und sagte: „Mensch, bist du jetzt groß! Ich mach dir einen Vorschlag: Versuch zu schlafen, denk an etwas Schönes … und vergiss nicht zu atmen."

Nun fragen Sie sich sicher: Wie hat wohl dieser ungezogene, verträumte Junge auf eine solche Aufforderung reagiert? Ich helfe Ihnen mit der Antwort:

Er hat die Nacht unbekümmert durchgeschlafen.

Er hat in dieser Nacht die Angst vor der Dunkelheit überwunden.

Er ist aus dem Fenster gesprungen.

Seine Großmutter ward seit dieser Nacht nicht mehr gesehen.

Es mag eigenartig klingen, doch seit jener Nacht änderte sich vieles. Allem voran begriff ich die Fremdheit des Atmens. Plötzlich fragte ich mich nämlich: „Wenn ich will, kann ich entscheiden, nicht mehr zu atmen; ich verschließe Nase und Mund, und das Atmen hört auf; aber warum atme ich weiter, selbst wenn ich nicht daran denke?"

Ich verbrachte eine schlaflose Nacht, überwand dafür aber für immer meine Angst vor der Dunkelheit – denn ich ersetzte sie durch eine viel größere: die Angst, im Schlaf das Atmen zu vergessen. Lässt man das Licht brennen, kann die Angst vor der Dunkelheit verschwinden, fürchtet man sich aber, beim Schlafen nicht mehr zu atmen, ist die Lage um einiges vertrackter. Ich zog die schreckliche Lampe aus der Steckdose und begann zu überlegen, wie ich diese neue Angst überwinden könnte. Und ja, mit der Zeit gelang es mir, und es war sogar ziemlich einfach, denn wenn sich deine Angst auf präzise, selbstbeobachtende Überlegungen stützt, die dich dazu zwingen, mit geschlossenen Augen nachzudenken, werden Müdigkeit und Schlaf sie bald bezwingen.

Immerhin hatte ich mit gerade mal sechs Jahren mehr oder weniger eines begriffen: Wenn der Atem willentlich unterbrochen werden kann, dann ist nicht er es, der unsere Welt regiert. Der Atem ist dann eher eine Art Arbeiter, der ein- und ausgeht, um Aufträge zu erledigen; wenn aber der Wille irgendeines beliebigen Säugetiers ausreicht, um ihn anzuhalten, dann kann er einfach nicht der Alleinherrscher sein.

In der Tat gibt es einen Muskel, der noch viel unabhängiger von unserem Willen ist und der sich in unserem Körper wie ein richtiger Alien verhält: unser Herz.

In seinem interessanten Artikel für *Scientific American* mit dem Titel „Psychology beyond the brain" („Psychologie jenseits des Gehirns") schreibt Adam Waytz: „Das Gehirn genießt schon lange einen privilegierten Status als bevorzugtes Körperorgan der Psychologie [...] Argumente für die Bedeutung des Gehirns in der Psychologie vorzubringen, ist, wie über die Bedeutung des Geldes in der Ökonomie zu reden [...] Der von der Psychologie anerkannte Einfluss des Körpers auf den Geist koinzidiert mit dem neueren Fokus auf die Rolle des Herzens in unserer Sozialpsychologie. Es stellt sich heraus, dass das Herz nicht nur fürs Überleben von Bedeutung ist, sondern auch für den Umgang von Menschen miteinander. Insbesondere die Herzfrequenzvariabilität (engl. HRV für *heart rate variability*), die Variation der Zeit zwischen zwei Herzschlägen, spielt eine Schlüsselrolle im sozialen Verhalten, das von der Entscheidungsfindung, der Regulierung der eigenen Emotionen, der Stressbewältigung bis hin zum akademischen Engagement reicht. Eine verringerte HRV scheint mit Depressionen und Autismus einherzugehen und steht womöglich in Zusammenhang mit dem bewussten Nachdenken über Informationen. Eine erhöhte HRV hingegen ist mit stärkeren sozialen Fähigkeiten wie dem Erkennen von Emotionen anderer Menschen verbunden und hilft uns bei der Bewältigung sozial belastender Situationen [...] Diese vielfältigen Ergebnisse spiegeln ein wachsendes Interesse der klinischen Psychologie, der Neurowissenschaften, der Sozialpsychologie und der Entwicklungspsychologie wider, die Rolle des Herzens im sozialen Leben zu untersuchen."

Einer der Pioniere der Herzforschung, der sich mit dem Herzschlag beschäftigt hat, ist der US-amerikanische Neurowissenschaftler Stephen Porges. Er hat in den 1990er-

Jahren die Polyvagal-Theorie entwickelt, die die Rolle des Herzens im sozialen Verhalten hervorhebt. Dieser Theorie zufolge liefert der Nervus Vagus dem Herzen Impulse zur Steuerung eines komplexen Verhaltens wie zum Beispiel des Knüpfens oder des Auflösens von Beziehungen mit bestimmten Menschen. Ein Schlüsselmerkmal der Theorie Porges' liegt darin, dass sie nicht auf den Herzrhythmus an sich Wert legt, sondern vielmehr auf seine Variabilität, die früher als unbedeutend galt.

In seinem Handbuch der Soziologie schreibt Neil Smelser unter dem Stichwort „romantische Liebe“: „Wir alle erben eine Reihe von Vorstellungen über die Liebe, die Teil der westlichen Kultur sind und unsere Erwartungen prägen, wenn wir eine Beziehung beginnen. Einige dieser Ideen sind keineswegs neu, sondern gehen sogar auf eine lange vergangene Zeit an den europäischen Höfen des 11. und 12. Jahrhunderts zurück und entstammen dem feudalen Ideal der absoluten Hingabe des Vasallen gegenüber seinem Lehnsherrn. Im 18. Jahrhundert verschmolzen diese Vorstellungen von Liebe mit neuen Ideen: Die Suche nach der Liebe wurde zu einem entscheidenden Moment der persönlichen Entwicklung. Für Frauen aus der Mittelschicht, die nun immer öfter zu Hause blieben, während die Männer draußen arbeiteten, konzentrierte die Liebe sämtliche Fragen der Sicherheit, Mobilität und des Erfolgs, die für diese Schicht stark an Bedeutung gewannen, in einem einzigen entscheidenden Ereignis. Aus diesem Grund fällt die Suche nach wahrer Liebe mit der Suche nach Individualität zusammen. Es ist die Suche nach der idealen Verortung in der sozialen Welt, ein moralischer Test, durch den man seinen eigenen Wert entdecken kann.“

„Wie in den Romanen Jane Austens“, schreibt die Soziologin Ann Swidler, „fallen Selbsterkenntnis und die

Erkenntnis des anderen zusammen; in der Liebe offenbart die Heldin ihren eigenen Charakter, den nur ihr Liebster wahrnehmen konnte, und ihre Tugend entwickelt sich, indem sie seinen Verdienst anerkennt. Da die beiden Liebenden durch die gegenseitige Liebe geadelt werden, erhalten sie in der Ehe beide einen gerechten Lohn. Der Mythos der Liebe besagt, dass die Liebe in einer Welt, in der die Menschen oft tiefe Einsamkeit erleben, die Oberfläche durchbrechen und sich zum wahren Sein aufschwingen kann: In der Liebe kann man den anderen erkennen und von ihm erkannt werden und so zur Selbsterkenntnis gelangen."

In diesen zwei Textpassagen klingen zwei Konzepte durch: *Individualismus und Einsamkeit.*

Gerade die Einsamkeit – ganz gleich, ob physisch, geistig oder psychisch – bestätigt täglich, dass die Liebe nicht einfach eine Suche nach Gemeinschaft ist, sondern vielmehr ein Bedürfnis oder aber die sichere Notwendigkeit, mehr noch als selbst zu lieben: sich geliebt zu fühlen.

Manchen Psychologen zufolge entwickelt sich Liebe im Erwachsenenalter meistens vom „Bedürfnis, geliebt zu werden" zum „Bedürfnis zu lieben".

Heikel wird dieses Thema jedoch durch folgende Beobachtung: Wer sich geliebt fühlt, kann es sich häufig leisten zu lieben, ohne unbedingt etwas – Liebe etwa – dafür zu verlangen; wer sich hingegen nicht geliebt fühlt, vermag zwar selbst zu lieben, doch sein Bedürfnis danach, geliebt zu werden, wird schließlich die Reinheit eines Gefühls dauerhaft beeinflussen und beeinträchtigen, das keine Erwartungen haben sollte.

Den Begriff Liebe so abzuwandeln, dass wir nur erwiderte Liebe für Liebe halten, untergräbt sogar die Wurzeln dieses Gefühls, denn indem wir Liebe mit Besitz verbinden, ersticken und entstellen wir sie. Wir sind unfähig zu lieben, weil unser Bedarf, geliebt zu werden, größer ist. Folglich begnügen wir uns nicht damit, mit dem Menschen, den wir lieben, für immer zusammenzubleiben, sondern wollen ihn besitzen und tun so durch die Bestätigung unseres Ichs seinem Ich Gewalt an.

Man kann getrost davon ausgehen, dass derjenige, der liebt und sich geliebt fühlt, nicht besitzen muss; wer aber liebt, ohne sich geliebt zu fühlen, neigt dazu, Liebe mit dem Gedanken an Besitz und an eine Erwiderung der eigenen Liebe zu verbinden oder aber auf Gegenseitigkeit zu bestehen.

Nun darf „geliebt werden" nicht allein auf den Partner bezogen werden, falls jemand dabei ausschließlich an Paarliebe denken sollte. Tatsächlich ist ein Paar ein vorzügliches Bild für gegenseitige Liebe, wenn man einander vertraut – oder dies zumindest versucht. Wenn sich allerdings bei einem der Beteiligten während der Kindheit oder der Pubertät das Gefühl eingebrannt hat, nicht geliebt zu werden, dann ist ihm vermutlich nicht einmal die ehrliche Liebe des Partners genug.

Viele Fälle von Femizid oder von häuslicher Gewalt, aber auch von Mobbing unter Schülern können auf die Degenerierung einer Liebe hindeuten, die es nicht schafft, wie erwartet erwidert zu werden oder einfach nicht erwidert werden kann.

Ich habe über dieses Thema mit Papst Franziskus gesprochen, der mir anvertraute, eine seiner größten Ängste als Heranwachsender sei die Angst gewesen, nicht geliebt zu werden.

Mit dieser einfachen Aussage ist es dem Papst nicht nur gelungen, ein reales aktuelles Problem anzusprechen, das weltweit anzutreffen ist, sondern er hat auch mit chirurgischer Präzision den Schlüssel für viele Fragen gefunden, die Psychologie und Sozialwissenschaften heute behandeln möchten, mitunter aber auf viel zu akademische Weise und aus der eingeschränkten Perspektive der Elitekreise, denen ihre Vertreter häufig angehören.

Wie können wir uns geliebt fühlen? Wie hat Papst Franziskus seine Angst, nicht geliebt zu werden, überwunden? Der Papst antwortete mir in aller Seelenruhe und Gelassenheit und berichtete von seiner eigenen Erfahrung: „Ich glaube, ich habe sie durch mein Streben nach Authentizität überwunden: Mir wurde klar, dass ich niemals etwas machen würde, das nicht authentisch ist, auch nicht, um mir die Liebe und die Achtung meines Nächsten zu erkaufen. Auch ich habe mit der Gesellschaft des schönen Scheins gekämpft und tue es nach wie vor, indem ich mich als der akzeptiere, der ich bin, aber auch, indem ich immer wieder über ein Bild nachdenke, das mir auch heute noch oft in den Sinn kommt. Die Gesellschaft des schönen Scheins gründet auf der Eitelkeit, und was ist das Paradebeispiel der Eitelkeit? Der Pfau. Stell dir einen Pfau vor: Jeder, der an diesen Vogel denkt, hat das prächtig aufgefächerte Rad mit seinen schillernden Farben vor Augen. Aber das entspricht nicht der Wirklichkeit. Willst du die Wirklichkeit des Pfaus sehen? Dann geh um ihn herum und schau ihn von hinten an. Die Eitelkeit hat stets zwei Gesichter. Die Authentizität dagegen ist der Weg der Rettung, denn sie bringt dir die Achtung der Menschen, und wenn die Menschen dich für das achten, was du wirklich bist, dann wirst du dich tatsächlich geliebt fühlen. Geliebt zu werden, ist eine der Folgen der Authentizität. (Papst Franziskus: *Gott ist jung. Ein Gespräch mit Thomas Leoncini*)

Was bedeutet es also, sich geliebt zu fühlen? In erster Linie befreit es uns von dem Gedanken der Liebe als Belohnung.

Wie oft fragen wir uns: „Haben wir diese Liebe verdient? Haben wir genug getan, um die Liebe des anderen zu gewinnen?" Die belohnte Liebe ist keine Liebe im eigentlichen Sinn, sondern ein Schleichhandel mit Gefühlen auf Abruf; sie ist vergleichbar mit der Entspannung nach dem Stress, also mit einer erzwungenen Ruhe, die uns zwar helfen kann, wieder zu Kräften zu kommen, uns aber keinen Frieden beschert, sondern nur eine Pause in Erwartung erneuter Belastung. Diese Liebe ist ein Rausch, eine Illusion, die von anderen Illusionen lebt.

Liebe als Belohnung bedeutet eine Bulimie, eine Sucht nach Liebe und Bestätigung, eine Abhängigkeit, die immer wieder die Grenze zur Sucht überschreitet, ein ewiges Pendeln zwischen dem, was uns guttut, und dem, was uns schadet.

Immer mehr Menschen unterwerfen sich der belohnten Liebe und vergessen den einfacheren Weg, der sie vor dem zersetzenden Gefühl bewahrt, sich nicht geliebt zu fühlen, den Weg der Authentizität und der Öffnung gegenüber jenen, die Liebe brauchen. Mit anderen Worten: Sie vergessen die soziale Verantwortung.

Auch der Egoismus kann Altruismus generieren, doch darin liegt nichts Schlechtes, denn damit heilt er zwei Menschen auf einmal: den, der den Altruismus gibt, und den, der ihn empfängt.

Laut Lexikon ist Egoismus „eine übersteigerte, bedingungslose Selbstliebe oder eine Überbewertung der eigenen Rechte und führt zum ständigen Streben nach dem eigenen Vorteil sowie zur Unterordnung fremder Bedürfnisse unter die eigenen". Könnte da nicht auch die Selbstlosigkeit einer übersteigerten, bedingungslosen Selbstliebe oder einer Überbewertung der eigenen Rechte entspringen?

Authentisch sein, über sich selbst nachdenken können, sich so annehmen, wie man ist, und uneigennützig sein gegenüber denjenigen, die nicht Schritt halten können – das alles sind Elemente, die unser Gefühl, geliebt zu werden, am Leben erhalten.

Selbst das Bedürfnis nach Gemeinschaft ergibt sich aus der Sehnsucht des Menschen nach Wertschätzung und Liebe. Doch wie lässt sich in dieser Gesellschaft etwas erreichen? Ausschließlich durch Individualismus. Darin liegt der unlösbare Widerspruch der flüssigen Gesellschaft, der uns fortwährend in die Irre führt, vor allem aber unser ewiges, scheinbar ausweglos Dilemma zwischen Freiheit und Sicherheit stets aufs Neue entfacht.

Je sicherer wir uns fühlen, desto unfreier sind wir und umgekehrt: Denn größere Freiheit geht mit geringerer Sicherheit einher.

Wir sind fortwährend auf der Suche nach einem erträglichen Gleichgewicht und folgern daraus irrtümlicherweise, „Gleichgewicht" sei ein Synonym für „Frieden" und Unveränderlichkeit.

Wenn wir von jemandem hören, der „ausgeglichen" ist, denken wir vermutlich an einen ruhigen Menschen, der es – mit einem stets undurchdringbaren Lächeln im Gesicht – schafft, die allzu aufreibenden Anforderungen des Lebens zu überwinden. Doch „Gleichgewicht" ist ein unruhiges Wort, ein spannungsreicher, ausschließlich aus Spannungen bestehender Begriff: Denn „Gleichgewicht" ist nichts anderes als eine innere Spannung zwischen mindestens zwei entgegengesetzten Kräften.

Jeder Ausgleich ist das Ergebnis einer dauerhaften Verhandlungsarbeit; vor allem aber ist er nicht die Aufhebung entgegengesetzter Kräfte, sondern deren maximale gleichzeitige Erregung. Erst wenn diese Kräfte simultan wirken, fühlen wir uns im Gleichgewicht. Genau aus diesem Grund ist der Frieden, der auf dem nie gelösten Widerspruch zwischen Freiheit und Sicherheit gründet, zwar wahrnehmbar; doch hält er kaum länger als die Zeit, die wir brauchen, um einen Kaffee zu trinken.

Das Internet gibt uns nicht das Gefühl, geliebt zu werden (wie wir es gerne wären)

Die Technologie bewirkt durch Täuschung eine Zeitbeschleunigung und gaukelt uns vor, zu einer geschlossenen Gemeinschaft zu gehören. Dies gibt uns die Möglichkeit, schnell mal etwas falsch zu machen, eine Voraussetzung dafür, auf das zu stoßen, was wir in Wirklichkeit suchen. Tatsächlich sind Fehler ein fester Bestandteil unseres Weges zum Erfolg, und es ist die Aneinanderreihung stets unterschiedlicher Fehler, die den innig ersehnten Nebeneffekt des Irrens ermöglicht, mit anderen Worten: den Erfolg.

Ja, Sie haben richtig gelesen: Der Erfolg ist so gut wie immer ein Nebeneffekt.

Wie Jacques Attali in *Die Welt von morgen* schreibt, sind „[e]ine Menge wesentlicher Erfindungen [...] das Ergebnis der Arbeit von Forschern, die mit öffentlichen Mitteln dafür bezahlt werden, etwas anderes zu entdecken".

Das Problem dabei: In einer sich stetig wandelnden Gesellschaft ist selbst das, was wir suchen oder zu suchen meinen, einer kontinuierlichen Neudefinierung der eigenen Grenzen unterworfen.

Dasselbe gilt für das Internet. So meint der Soziologe Derrick de Kerckhove, unser Gehirn habe beim Nutzen des Internets nicht etwas auf dem Bildschirm, sondern sei selbst Teil des Bildschirms. Und das beeinflusse auch dann unsere Denkmuster, wenn der Rechner ausgeschaltet bleibt.

Das Internet gewöhnt die jungen Generationen daran, alles sagen zu können; es entwickelt sich und verzehrt sich selbst in der ständigen Herabsetzung des soeben formulierten Gedankens, dessen also, was sicherlich wenige Minuten zuvor noch als unverrückbar galt.

Dieses weltweite Netz ist ein Fluss in ständiger Bewegung, ein flüchtiger Schwarm, in dem Größe und Verdienst dessen, der sich darin äußert, weniger in dem Geschick und der Geisteskraft liegen, mit dem er einen Gedanken formuliert hat, der den letzten überragt, als in der Fähigkeit, sich des vorhergehenden Gedankens schnellstmöglich zu entledigen.

Das Internet, das sich wie eine demokratische Revolution entwickelt hat, ähnelt leider immer mehr dem totalitären Regime einer Diktatur. Was als „Lasst uns der Welt und unserer Gesellschaft etwas Gutes tun" startete, hat sich rasch gewandelt zu: „Ich erstelle ein Profil in den sozialen Medien", dort wo der Individualismus die höchste Stufe der Sichtbarkeit und des Narzissmus erklimmt. Dort vor allem, wo wir jeden Außenseiter bannen und jedem „Fremden" den Zugang verwehren können, der meint, auf unserem digitalen Grund und Boden herumtrampeln zu können; auf diese Weise schützen wir einen Bereich, in dem andere – so machen wir uns zumindest vor – unseren noch so kleinen Problemchen, einschließlich unseres Liebeskummers, mit Empathie begegnen. Dementsprechend hätscheln die sozialen Netzwerke unseren permanenten Wunsch nach Gemeinschaft, nur um unser angeborenes Bedürfnis nach Liebe zu rechtfertigen.

Andererseits hat das Leben in der Moderne den Gemeinschaftsgedanken boykottiert und schwankt heute zwischen unterschiedlichen Wirklichkeitskonzepten hin und her, allesamt individuell, also subjektiv; ihr einziges starkes gemeinsames Merkmal sind die Nicht-Orte, die sich ohne jede Kontinuität oder gegenseitige Verbindung unentwegt aneinanderreihen.

So wird die Enttäuschung immer weiter genährt, bis die Unzufriedenheit schließlich Früchte trägt, in ihrer stärksten Ausprägung als Cybermobbing, Fake-News und das Hater-Phänomen.

Das Internet schafft Netzwerke, keine Gemeinschaft. Während wir einer Gemeinschaft angehören, gehört das Netzwerk uns. Was aber „gehört", ist durch die Existenz dessen, der es besitzt, automatisch „besudelt".

Kein Internetnutzer hat dieselben Probleme wie ein anderer. Die Probleme, auf die man im Netz, in Foren wie auf sozialen Plattformen, stößt, verhalten sich wie Öltropfen auf dem Wasser und fließen niemals zu einer „Gemeinschaft" zusammen: Mag sein, sie ähneln sich in Form oder Farbe, in Wirklichkeit aber sind sie nur der verzweifelte Versuch des Einzelnen, seine privaten Probleme von der „Öffentlichkeit" lösen zu lassen. Die Probleme aber sind grundverschieden, gehen sie doch auf Denkmuster zurück, die von stark divergierenden Lebensräumen geprägt wurden.

Dieses Phänomen beschreibt Zygmunt Bauman in *Die Krise der Politik*: „Die Nutzung desselben Fluchtwegs kann eine Gemeinschaft schaffen, die nur so lange Bestand hat, bis sich alle Füße auf diesem Fluchtweg befinden."

Immerhin ist der Weg im Falle des Internets nur virtuell, und das Problem liegt nicht einfach im Bereich des Privaten, sondern sogar in räumlicher Entfernung. Doch diese große, vom Internet geschaffene soziale Täuschung betrifft auch das Konzept der „Liebe".

Das Heilmittel – Unser Bedürfnis nach Liebe zulassen

Sehnsucht nach Liebe ist kein Zeichen der Schwäche; wenn wir so wollen, liegt unsere größere Schwäche vielmehr darin, „lebendig zu sein“. Nur die Toten können sich Stärke erlauben. Wir jedoch sind a priori schwach, weil wir nun mal lebendig sind.

Fortwährend haben wir Bedürfnisse, die wir häufig nicht einmal beschreiben können; wir leben in der ständigen Illusion, einen Platz in der Welt zu haben, unsere Gegenwart beherrschen und unserer Zukunft eine Richtung geben zu können, selbst wenn dann eine einzige unvorhergesehene Kleinigkeit ausreicht, damit wir begreifen, wie vergänglich wir sind.

Nicht von ungefähr neigen Menschen dazu, alles in Frage zu stellen, sobald sie schwer erkranken oder einen Trauerfall in der Familie oder unter ihren wichtigsten Bezugspersonen haben.

Jeder von uns hat mindestens einmal im Leben jemanden sagen gehört: „Das hat mir gezeigt: Am allerwichtigsten ist die Gesundheit.“

Manche schaffen es sogar, Krankheit als eine Chance zu sehen, sich selbst richtig kennenzulernen und zu entdecken, wie wichtig es ist, geliebt zu werden.

In *Anam senza Nome* (*Anam, der Namenlose*), einem Buch, das auf einem Interview mit Mario Zanot basiert, befindet sich Tiziano Terzani am Ende seines Lebens im Endstadium seiner Krankheit; diese empfindet er als einen Segen, der ihm widerfuhr, als etwas, das ihn richtiggehend glücklicher machte; das seinen Alltag mit seinen Routinen und Begegnungen, wenn immer wieder das Gleiche gesagt wurde, verwandelt hat in Gelegenheiten, die Gegenwart wie nie zuvor in vollen Zügen zu leben und sich endlich dem zu widmen, was zählt: der Liebe zu seiner Familie und dem Gefühl, *selbst* geliebt zu werden.

So gesehen liegt unsere Zerbrechlichkeit vor allem in unserer Überzeugung, keine Liebe, im weitesten Sinne, zu brauchen; denn diese Haltung bringt die größte, jetzt noch latente Enttäuschung mit sich, die aber dann in Erscheinung tritt, wenn wir es am wenigsten erwarten: Wenn in einem einzigen Augenblick ein Schicksalsschlag jede Gewissheit erschüttert, ändert noch der überzeugteste Individualist seine Meinung über die Notwendigkeit, sich geliebt zu fühlen.

Unser Bewusstsein für das eigene Bedürfnis nach Liebe manifestiert sich häufig erst spät am Ende des Lebens. Zu begreifen, wie wichtig es für uns ist, uns geliebt zu fühlen, birgt eine große Chance: nicht nur, um uns selbst zu erkennen, sondern auch, um unsere Prioritäten im Leben richtig zu gewichten, solange dies noch geht.

Doch die Liebe, die in ihrer individualistischen Verwandlung flüssig geworden ist, schafft es immer weniger, uns von ihrer ehrlichen und aufrichtigen Existenz zu überzeugen. In einer Gesellschaft, in der sich der Markt grundlos von einem Augenblick auf den anderen verändert, ist es daher wichtig, dass der Liebesbeweis – unterdrückt, wie die Liebe ist, und schon im nächsten Moment vereinnahmt von unsichtbaren Kräften weltweiter Spekulationen – von Dauer ist; nur so können wir uns sicher sein, wirklich geliebt zu werden.

Ein Liebesversprechen reicht nicht mehr aus: Denn wir tun es dem Markt gleich und setzen die Glaubwürdigkeit des Versprechens herab, nicht nur weil wir unserem Gegenüber misstrauen, sondern weil wir allmählich begreifen, dass die Aussage „Ich werde dich immer lieben" nicht der Titel des ganzen Films ist, sondern nur für kurze Zeit gilt. Dem Markt und dem Trend folgend, kann sich die Erklärung „Es tut mir leid, aber ich bin mir nicht mehr sicher, dass ich dich liebe" jederzeit einstellen und den Bankrott unserer wichtigsten Bank herbeiführen: der des Vertrauens und der Liebe.

Immer mehr Menschen stellen sich daher lieber darauf ein, „keine Liebe zu brauchen", statt sich zu einer ständigen Suche nach dem wahren Liebesbeweis, und der sie begleitenden (nicht nur) psychischen Spannung, verdammt zu fühlen.

In einer stabilen Epoche unserer Geschichte, als noch die Logik herrschte – also vor etwa hundert Jahren –, lebten und vor allem starben Menschen in mancher Hinsicht schlechter, denn seither haben zum Beispiel Medizin und Technologie riesige Fortschritte gemacht; dennoch – und damit greife ich ein aufschlussreiches Bild von Marx und Engels auf – ist der Preis, den wir für diese Entwicklung gezahlt haben, die Zersetzung all dessen, was in unseren sozialen Beziehungen, in unseren Traditionen und Institutionen stabil war.

Unseren Bedarf nach Liebe zu erkennen, kann uns zu einem Neuanfang in einem veränderten Bewusstsein verhelfen, sodass wir uns nicht mehr als krank betrachten würden, weil wir liebesbedürftig sind, sondern ganz einfach als Menschen fühlen. Wir wären nicht länger „Götter" des Individualismus, sondern Durchreisende, die über den zunehmend „flüchtigen", verschwommenen und zerbrechlichen Marksteinen unseres Daseins umherstreifen.

Romano Guardini, den ich noch nicht kannte, bevor ihn mir Papst Franziskus als einen seiner Referenzautoren empfahl, schreibt in seinem Buch *Vom Sinn der Schwermut*: „Der Sinn des Menschen liegt darin, eine lebendige Grenze zu sein und dieses Grenzleben auf sich zu nehmen und zu Ende zu führen. Damit ist er in der Realität verwurzelt und frei von dem Zauber einer vermeintlichen unmittelbaren Einheit mit Gott sowie von der unmittelbaren Identifikation mit der Natur."

Die wahre Haltung des Menschen, meint der Autor weiter, werde von der *Grenze* her bestimmt; da diese Haltung auf Wahrhaftigkeit, Mut und Geduld gründe, stimme sie als einzige mit der Wirklichkeit überein.

Zu diesem Bewusstsein, so Guardini, gelange man häufig über die Melancholie, die – solange sie es schaffe, konstruktive und destruktive Impulse in steter Spannung zu halten – die Selbsterkenntnis mit Sicherheit begünstige; der Melancholiker zeichne sich durch seine Sehnsucht aus, dem Absoluten zu begegnen – in Form von Liebe und Schönheit.

Diese Gedanken entstanden gegen Ende der 1920er-Jahre. Wenn wir hingegen heute, unter dem Vorzeichen der flüssigen Moderne, von Liebe und Schönheit sprechen, müssen wir uns notwendigerweise mit der flüssigen Liebe und Schönheit befassen.

Flüssige Schönheit bleibt ewig jung – Die Zeit ist ein Dieb

Wir vergessen allmählich, dass Jugend nicht in den Augen und deren mehr oder weniger faltigen Umrissen eines Menschen sitzt, sondern in seinem Blick. Wir haben es verlernt, den Blick zu beachten, und begnügen uns damit, auf die Augen zu schauen.

In unserer Gesellschaft wird Schönheit mit Jugend gleichgesetzt. Sie ist keine sicht- und messbare Eigenschaft mehr, sondern ein Potenzial. Über das Potenzial wissen wir, dass es verbesserungswürdig ist, doch nur für sehr kurze Zeit und dann nie wieder, weder früher noch später.

Wir müssen wissen, dass wir das Schönheitsideal erreichen können – allerdings erst morgen. Denn heute bläht Schönheit die Jugend auf und beraubt sie ihrer Konturen. Bildhübsche Zwanzigjährige, die dem Kanon der flüssigen Schönheit folgen und sich plastischer Chirurgie unterziehen, sehen anschließend zehn Jahre älter aus, aber doch auch viel attraktiver. Doch vor allem entdecken sie plötzlich, dass sie jetzt erwachsen sind.

Und wozu das Ganze? Für die Illusion von Haltbarkeit: Zehn Jahre später werden sie immer noch gleich aussehen; sie haben die Zeit angehalten, indem sie im Unterbewusstsein jene harmlosere Zeit beschleunigten, die man nur deshalb als idyllisch in Erinnerung behält, weil man mit

Sicherheit weiß, sie kehrt nie wieder zurück. Die „Retrotopie“ (Zygmunt Bauman) arbeitet mit allen Mitteln.

Alles in allem haben diese jungen Frauen ihre Zeit in der Gegenwart ausgelöscht, um in Zukunft immer jung auszusehen – so lebt man sein Potenzial aus.

Würde die Schönheit wie in der italienischen Renaissance erneut einem genau definierten Kanon gehorchen, hätte dies den Tod des Marktes sowie der Frauen als seiner begehrtesten Beute zur Folge.

Der Markt würde zusammenbrechen; er würde implodieren, denn sein einziges Ziel besteht darin, unendlich viele Wünsche wachzurufen, die nie und nimmer zu befriedigen sind. Indem die Schönheit den Sieg der Zeit über den Raum bestätigt, hat sie sich in einen zeitlich begrenzten Zustand verwandelt; nun ist sie nichts Physisches mehr, sondern reines Verlangen – und die Wandelbarkeit ist ihr sichtbarstes Merkmal und ihre gefürchtetste Strafe zugleich.

Der New-Yorker Internetriese BuzzFeed hat vor kurzem ein Video realisiert mit dem Titel *Women's Ideal Body Types Throughout History* (*Ideale weiblicher Körperformen in der Geschichte*). Der Film untersucht, wie sich der weibliche Schönheitskanon im Lauf der Geschichte geändert hat; dabei bezeichnet er, was ich „die Epoche der flüssigen Schönheit“ nenne, als „Postmoderne“.

Ich versuche im Folgenden, den Inhalt des Videos zusammenzufassen.

Im alten Ägypten (etwa 1292–1069 v. Chr.): schlanker Körper, schmale Schultern, hohe Taille und symmetrisches Gesicht. Im alten Ägypten erfreuten sich Frauen vieler Freiheiten. Die ägyptische Kultur kannte keine sexuellen Tabus, der voreheliche Geschlechtsverkehr war voll und ganz akzeptiert. Frauen konnten unabhängig von ihren

Männern Eigentum besitzen und sich scheiden lassen, ohne in Verruf zu geraten. Sie konnten sogar Titel erben, einschließlich dem einer Pharaonin! Die Kunst des alten Ägyptens weist darauf hin, dass die langen Zöpfe einen wesentlichen Aspekt weiblicher Schönheit darstellten. Sie umrahmten ein symmetrisches Gesicht mit dick aufgetragenem schwarzen Kajal um die Augen.

Im antiken Griechenland (etwa 500–300 v. Chr.): praller, fülliger Körper, helle Haut. Frauen galten als „entstellte" Versionen des Mannes. Sie hatten große Brüste und runde Hüften. Die alten Griechen richteten ihr Augenmerk mehr auf den männlichen Körperbau als auf den weiblichen; also waren es zu jener Zeit insbesondere Männer, die sich hohen Standards physischer Perfektion unterwerfen mussten.

In dem Artikel von Claudia Giammatteo in der Zeitschrift *Focus* erklärt Donatella Lippi, Dozentin für die Geschichte der Medizin an der Universität von Florenz: „Mager sein bedeutete in der Antike krank sein. Fettleibigkeit galt hingegen als ein Zeichen von Reichtum und Wohlstand." In der griechischen Kultur der Antike war Nacktheit selbstverständlich, dennoch waren Frauen auf Bildern und als Skulptur häufig verhüllt. Es wird vermutet, dass der erste bedeutende, in Stein gemeißelte Frauenakt die Aphrodite von Knidos ist – ein Hinweis darauf, dass sich Schönheit im antiken Griechenland in Ganzkörperdarstellungen fülliger Frauen äußerte.

In der Han-Dynastie (etwa 206 v. Chr. – 220 n. Chr.): schlanke Taille, helle Haut, große Augen und kleine Füße. Bereits in der Antike war die chinesische Kultur patriarchalisch, was zur Beschneidung der Rollen und Rechte von Frauen führte. Zur Zeit der Han-Dynastie bestand weibliche Schönheit in einem schlanken, schmalen Körper. Man erwartete von Frauen, dass sie lange, schwarze Haare, rote Lippen, weiße Zähne und einen anmutigen Gang haben. Die kleinen Füße haben als ein Aspekt chinesischer Schönheit Jahrhunderte überdauert.

In der italienischen Renaissance (15.–16. Jhd.): große Brüste, rundlicher Köper, breite Hüften und helle Haut. Das Italien der Renaissance war eine stark katholische und patriarchalische Kultur. Der Wert einer Frau war geknüpft an ihre Beziehung zu Männern, sei es zu Gott, zu ihrem Vater oder zu ihrem Ehemann. Man war der Meinung, ihr Verhalten wie auch ihr Äußeres spiegelten den Status ihres Ehemannes wider.

Im viktorianischen England (etwa 1837–1901): Der Körper war rundlich, drall, üppig und wollüstig, aber nicht dick. Die Taille wurde betont, und um die ideale Körperform zu erreichen, trugen Frauen ein Korsett. Das viktorianische Zeitalter entspricht der langen Regentschaft der Königin Victoria, der einflussreichsten Persönlichkeit jener Zeit, eine junge Herrscherin, die Ehefrau und Mutter wurde. Häuslichkeit, Familie und Mutterschaft, allesamt Werte, die sie selbst vorlebte, genossen in der viktorianischen Gesellschaft ein hohes Ansehen.

Die Zwanzigerjahre des letzten Jahrhunderts: flache Brüste, zierliche Taille, kurze Haare und männliche Figur. Ende des 19. Jahrhunderts, nach Jahren strenger viktorianischer Moral und nach den tiefgreifenden Wandlungen innerhalb der bürgerlichen Familie, änderte sich auch das Weiblichkeitsideal. Der ideale Körper war grazil, ohne jeglichen Verweis auf Mutterschaft. Das Wahlrecht, das den Frauen in den Vereinigten Staaten im Jahr 1920 gewährt wurde, gab den Ton fürs zwanzigste Jahrhundert an. In puncto Schönheit zählte allein die Freiheit. Frauen bevorzugten einen androgynen Stil, indem sie die Taille senkten und Büstenhalter anzogen, die die Brüste abflachten. So bestand Schönheit in den „wilden Zwanzigern" in einem jungenhaften Körper ohne Kurven.

Das goldene Zeitalter Hollywoods (etwa 1930–1950): kurvige Sanduhrenfigur mit üppigen Brüsten und schmaler Taille. Die Schönheitsgöttin dieser Zeit war Marilyn Monroe.

Die berühmten Sechziger: schlanker, schmaler, graziler jugendlicher Körper mit langen, dünnen Beinen. Es sind die Jahre der Frauenbewegung und des Feminismus, als Frauen die Arbeitswelt entschlossen eroberten und Zugang zur Anti-Baby-Pille bekamen. Der *Focus*-Artikel weist auf die historisch wichtige Rolle Elisabeths von Österreich (1837–1898) hin, besser bekannt als Kaiserin Sissi, „die viele Jahre zuvor die Schlankheit in der Mode einführte. Die Chroniken jener Zeit beschreiben sie als schön und rastlos, mit üppigen, langen kastanienbraunen Haaren, die lose bis zu ihren Knöcheln reichten. Um ihre Wespentaille zu wahren, hielt die unangepasste Sissi eine eigene Diät ein – so trank sie zum Beispiel gemischte Getränke aus Eiweiß und Salz –, praktizierte zahlreiche Sportarten – insbesondere anstrengende Ausritte – und zwang ihre Gefolgsdamen, sie auf ellenlange tägliche Spaziergänge zu begleiten. Aufgrund dieses Schlankheitswahns gilt sie als Urmutter der modernen Magersüchtigen, die die Schauspielerin Greta Garbo sowie das androgyne Topmodell der Sechzigerjahre, die magersüchtige Twiggy, um Jahre antizipierte."

Das Zeitalter der Supermodells (die 1980er-Jahre): athletischer Körper, schlank und kurvig zugleich, mit durchtrainierten Armen. Körpergröße wurde zu einem wesentlichen Aspekt der Schönheit. Auf der Welle des von Jane Fonda lancierten Aerobic-Trends wurde „In-Form-Sein" für viele Frauen zu einem Muss. Vertreterinnen des idealen Körpers dieser Jahre waren Topmodells wie Cindy Crawford: groß, schlank, athletisch und dennoch optimistisch. In dieser Zeit stieg auch die Anzahl magersüchtiger Frauen, ein Phänomen, das manche Experten auf die plötzliche Betonung des Körpertrainings zurückführen.

Toxisch und dennoch chic (die 1990er-Jahre): undefiniert androgyne Erscheinung und Schönheit, extrem schlanker Körper, durchsichtige Haut. Nach dem Materialismus der Achtzigerjahre schlug die Mode in die entgegengesetzte Richtung aus. Blass und schmal war der von Kate Moss verkörperte typische Look der „Heroinsüchtigen". Tatsächlich stieg in dieser Zeit der Heroinkonsum so sehr, dass Präsident Clinton im Jahr 1997 diese Tendenz als *heroin chic* bezeichnete.

Postmoderne Schönheit (seit 2000): Zahllose verschiedene Schönheitserwartungen stürmen auf die weibliche Figur in den Zweitausendern ein. Frauen sollen schlank und doch gesund aussehen; sie sollen große Brüste und einen imposanten Po, dafür aber einen flachen Bauch haben. Um all das zu erreichen, nimmt man immer häufiger die Schönheitschirurgie in Anspruch. Wissenschaftliche Studien haben gezeigt, dass die chirurgischen Eingriffe, die der Gesäßvergrößerung dienen, bei Patientinnen unter dreißig oder bei Menschen, die Selfies als Grund angeben, in den letzten Jahren exponentiell gestiegen sind.

Schönheit – Eine Form der Intelligenz

Aus der Art und Weise, wie wir ständig von neuen, nie endgültigen Schönheitsmustern angezogen werden, könnte man schlussfolgern, dass das, was wir gemeinhin als „schön, weil wir es gerne anschauen" definieren, nicht nur vom Markt beeinflusst wird, sondern besonders von dem Mittel, das dem Markt zu weltweitem Erfolg verhilft: der Globalisierung.

Bezüglich der aufkeimenden Globalisierung schreibt Hannah Arendt 1968: „Zum ersten Mal in der Geschichte [haben] alle Völker der Erde eine gemeinsame Gegenwart." Heute befinden wir uns in einem fortgeschrittenen Stadium dieses Prozesses, in dem leider auch die Ungleichheiten, der Abfall, die Bürokratie, die Gleichgültigkeit und die Wut global sind.

Die heute lebende menschliche Gattung scheint sich sogar auf genetischer und ästhetischer Ebene von der Globalisierung angezogen zu fühlen. Eines der berühmtesten und bestbezahlten Topmodells – für ihre „kanonische" Schönheit derzeit insbesondere von Frauen meistgeliebt – ist die 1995 geborene Gigi Hadid. Ihre Biographie ist aufschlussreich: Sie ist die Tochter des niederländischen Modells Yolanda Foster, geborene van den Herik, und des palästinensischen Immobilienhändlers Mohamed Hadid. Ihre jüngeren Geschwister: Bella Hadid, auch sie Modell, und der Bruder Anwar. Außerdem hat sie zwei Stiefschwestern väterlicherseits sowie fünf weitere von Seiten ihres Stiefvaters: Denn die Mutter hat nach ihrer Scheidung den Musikproduzenten David Foster geheiratet (inzwischen ist auch diese Ehe geschieden).

Somit ist Gigi Hadid ein perfektes Beispiel für jemanden, der in der Zeit der flüssigen Moderne geboren wurde – angefangen mit ihren Eltern, deren emotionale Beziehungen sich fortwährend verflüssigen und verflüchtigen, um sich dann nochmals zu verflüssigen und zu verflüchtigen; Gigi selbst ist ein Kind der schwankenden Beziehungen in der Konsumgesellschaft, die sie zu einer neuen zeitweiligen Venus errichtet hat.

Die durch die Globalisierung sichtlich gestärkten, neu gestalteten Schönheitsgesetze finden ihren gemeinsamen Nenner in der Originalität, mit der Menschen aus völlig entgegengesetzten geographischen Richtungen komplett neue, provisorische, nur schwer nachahmbare Sinnzusammenhänge erschaffen. Das dabei entstandene „Kind“ gilt dann vermutlich weltweit als wichtigster Sinn einer Beziehung.

Die Schönheit passt sich an das im Internet stark befeuerte Konzept der hypertextuellen Intelligenz an, an unsere geistige Fähigkeit, Dinge zu vernetzen, die an sich nicht miteinander verbunden sind. Dank ihrer sind wir in der Lage, völlig divergierende Kategorien miteinander zu verknüpfen und so einen neuen, offenbar unbeständigen Wert zu erschaffen.

Doch da steckt noch mehr dahinter: Erinnern wir uns an einen der Hauptsätze Jean Piagets, einem der bedeutendsten Psychologen des 20. Jahrhunderts, der Intelligenz als Fähigkeit des Menschen betrachtet, sich an seine Umgebung anzupassen, dann impliziert die hemmungslose Suche nach der Schönheit um jeden Preis, wie wir sie heute erleben, auch die quasi allgemeingültige Notwendigkeit, sich an die Umgebung anzupassen mittels eines bewundernswerteren und wünschenswerteren Äußeren. Wir haben die Botschaft ein für alle Mal begriffen: „Warum sollte ich für ein Aussehen leiden, das ich nicht mag, wenn ich mittels eines nur geringen finanziellen Einsatzes mich und meine Chance im Vergleich zu anderen verbessern kann?" Somit geht der Kampf um die beste und aktuellste Korrektur über eine einfache Mode weit hinaus: Er entwickelt sich vielmehr zu einem Rennen um die besten Chancen oder anders ausgedrückt zu einem Wettlauf um den Platz der in dieser Gesellschaft Bestangepassten. Auf diese Weise und zum ersten Mal in der Geschichte beeinflusst der chirurgische Schönheitslauf sogar unser individuelles Intelligenzkonzept.

In Verbindung mit der hypertextuellen Intelligenz denken wir unweigerlich an Amazon: Wie hat es sein Erfinder Jeff Bezos geschafft, zum reichsten Menschen der Welt zu werden? Nicht indem er Inhalte erschuf – diesen wird ein immer flüchtigerer Seitenblick gewidmet –, sondern indem er bereits existierende Inhalte miteinander verband und zu neuen Konsumformen verschmolz, die die Einkaufs- und Auswahlzeiten verkürzen.

Wie viele andere Web-Unternehmer, die in wenigen Jahren zu Milliardären avancierten, hat sich auch Bezos mit maximalem Gewinn der hypertextuellen Intelligenz bedient und sie in den Dienst derer gestellt, die nach schnellen Lösungen, also nach enormer Zeitersparnis suchen, sprich: der ganzen Menschheit.

Auch unser gesamtgesellschaftliches Streben nach Schönheit durchläuft diesen Prozess: Die Eltern der Hadid-Schwestern haben in ihren Töchtern, wenn auch unbewusst, die Niederlande mit Palästina vereint und die dabei entstandene Form zu einem neuen, von allen sichtbaren Bedeutungszusammenhang umgestaltet.

Doch wurden nicht nur zeitgenössische Unternehmer mittels der hypertextuellen Intelligenz reich; auch in der Vergangenheit haben große Autoren Kapital daraus geschlagen. Man denke nur an Goethes *Wahlverwandtschaften,* ein echtes literarisches Meisterwerk zum Thema Liebe, das bereits im Titel auf die hypertextuelle Intelligenz verweist: In der Tat ist die Wahlverwandtschaft per Defintion „die Eigenschaft mancher Stoffe, untereinander zu reagieren und dabei neue Verbindungen einzugehen".

In seinem außergewöhnlichen Roman wendet Goethe die Chemie auf die Psychologie der Liebe an und unterwirft seine Protagonisten ihrer umwälzenden, überwältigenden Kraft. Die ursprüngliche, aus Eduard (A) und Charlotte (B) gebildete Paarbeziehung wird erschüttert von der Ankunft des faszinierenden Hauptmanns (C), einem Freund Eduards, sowie der jungen verführerischen Nichte Charlottes, Ottilie (D). Die Gäste richten sich im Schloss Eduards ein, und wenn das Paar AB zunächst auseinanderfällt, um zu AC und BD zu werden, formieren sich auch diese Paare nach wenigen Wochen neu zu AD und BC. Dies zieht zwangsläufig ein emotionales Beben nach sich, das neue unerwartete Sinnzusammenhänge schafft, die alles in Frage stellen – bis auf den Tod, den ewigen Retter und Gewissheitsspender des Gleichgewichts.

Der Weltkrieg des Neides – Du sollst deinen Nächsten beneiden!

Während er seinen Whisky schlürft, reibt ein Universitätsprofessor gedankenverloren an der Flasche: Daraus steigt ein kleiner Geist empor und bietet sich an, dem Professor einen Wunsch zu erfüllen, ganz gleich, welchen, allerdings nur einen einzigen. Der Gelehrte beginnt sofort darüber nachzudenken, welchen Luxus er sich gönnen könnte, doch der Geist unterbricht seine überbordenden Gedanken auf der Stelle: „Wisse, dass der Wunsch, den ich dir erfülle, welcher auch immer das sein mag, nicht nur dir zugutekommt. Dein Kollege und Freund, mit dem du dein Arbeitszimmer teilst, wird doppelt so viel bekommen wie du. Bittest du mich also beispielsweise um einen Porsche, wird dein Freund zwei davon bekommen; und wenn du dir den Nobelpreis wünschst, werden deinem Freund zwei davon verliehen.“ Eine Stunde lang sagt der Professor kein Wort, kann aber nicht stillsitzen und geht im Zimmer auf und ab; er steckt sich zwanzig Zigaretten an, die er auszudrücken vergisst, dann setzt er sich wieder hin. Leicht gereizt vom langen Warten erhebt der kleine Geist seine Stimme und fordert den Professor auf, endlich zu antworten. „In Ordnung, kleiner Geist, ich habe mich entschieden“, ruft dieser feierlich aus: „Blende mich auf einem Auge!“

Diese kurze Scherzgeschichte, die auf dem amerikanischen Campus zu einer Zeit entstand, als das Internet noch eine überschaubare Gemeinschaft war, wirkt heute völlig anders: Noch vor wenigen Jahren war der Kollege des Professors auf dem Campus tief verwurzelt, heute hat er seine Wurzeln überall. Mehr noch: Das Wettrennen um die hemmungsloseste materielle und moralische Zurschaustellung findet rund um die Uhr statt. Wer kein Facebook, TikTok oder Snapchat hat, verfügt über WhatsApp, Telegram und so weiter. Das WiFi hat die Schnelligkeit von Verbindungen revolutioniert und damit den Sieg der Zeit über den Raum sanktioniert; vor allem aber hat es den Input des Neides global beschleunigt und die Zufriedenheitsschwelle durch Zurschaustellung materieller Dinge und emotionaler Beute angehoben.

Ist es ausreichend – damit sich andere in dich verlieben –, dass du in erster Linie in dich selbst verliebt bist, so ist es doch wesentlich, möglichst attraktiv auszusehen, jederzeit bereit, die Kamera, also das beobachtende, richtende fremde Auge, anzulächeln, vor allem aber das eigene Auge, das vor jeder Identifizierung oder jedem Einloggen in das soziale Profil die Fotos durchsieht oder zumindest Revue passieren lässt.

Dass in den sozialen Medien so gut wie alle glücklich und zufrieden aussehen, die Wirklichkeit aber dann teilweise, wenn nicht gar gänzlich davon abweicht, bestätigt ein weiteres Mal die Wichtigkeit des Wunsches, sich in sich selbst zu verlieben, will man sich berechtigt fühlen, anderen ihre Liebe abzuverlangen.

In diesem Zusammenhang muss unbedingt ein weiteres wesentliches Gründungsparadigma angesprochen werden, das die heutige Gesellschaft mithilfe eines neuen, leicht schwankenden, nicht genau bestimmbaren Prototyps ins Leben rief, und zwar die „flüssige Schönheit“. Diese ist nicht so sehr ein ästhetischer Kanon, sondern geht auf eine Art ständig aktualisierten Durchschnitt von Schönheitstrends zurück, die sich im Sekundentakt verändern, ganz zur Freude der plastischen Chirurgen weltweit.

Damit wird deutlich, dass diese von vielen angestrebte Schönheitsform, wie das Verlangen selbst, nichts anderes ist als eine unerreichbare Schönheit. Was aber ihr allgemeines Marktkonzept betrifft, so entsteht und lebt dieses dank der nie verwirklichten Wünsche, und zwar auf Kosten derer, die eifrig danach trachten, sich ihm anzupassen.

Der äußerst unsichere und wechselhafte Prototyp der aktuellen – also in eben diesem Augenblick gültigen – flüssigen Schönheit wird weniger vom Liebes- als vom Neidmarkt angeregt: Wir verständigen uns immer mehr auf einen Weltkrieg des Neids, der in kleinen Etappen auf vielen Ebenen stattfindet; dabei geht er fast immer von der Sichtbarkeit der sozialen Medien aus, um dann flächendeckend zu uns allen nach Hause vorzudringen. Früher war das Fernsehen die einzige globale und unmittelbare Quelle des Neides, doch dieser wurde passiver, vor allem aber langsamer und ohne Interaktion verbreitet; heute hingegen macht das Internet Interaktion in einer Geschwindigkeit möglich, die noch vor wenigen Jahren ganz undenkbar schien.

Der Neid ist für den Verbraucher sicherlich eines der häufigsten und einflussreichsten Übel; für denjenigen hingegen, der etwas Neues vermarktet, bedeutet er einen wahren Segen. Søren Kierkegaard milderte den Beigeschmack des Neides, indem er ihn als „geheime Bewunderung“ betrachtete; doch Neid überlebt vor allem dank eines festen Bezugspunkts: Wer Neid verspürt, kennt das eigene Leben mit Sicherheit besser als das der anderen.

Manche Psychologen behaupten, Neid sei in Wirklichkeit nicht völlig schlecht, denn er schaffe Nachahmungsmuster für die Jüngeren und erleichtere ihnen damit die Integration. Als bauten jüngere Menschen mithilfe einer vom Neid diktierten Nachahmung eine Gruppenidentität auf und verfolgten Muster, die sie noch nicht als unerreichbar definiert hätten.

Doch was ist für junge Menschen ein unerreichbares Muster?

Die „Lebensmuster“, die heute beim Publikum Erfolg haben oder in der Konsumgesellschaft der sozialen Medien mehr oder weniger „erreichbar“ sind, sind keine angeborenen Talente mehr, die gar nicht beneidet werden können, weil sie zu weit weg erscheinen; nein, die heutigen „Lebensmuster“ erscheinen in Reichweite und sind häufig „chirurgischer“ Natur.

Das bietet dem Neid einen fruchtbaren Boden: „Warum ist er/sie reich geworden und ich nicht?“

Es ist durchaus üblich, in den sozialen Medien auf Beiträge zu stoßen, die Bilder von Frauen und Männern vor und nach der plastischen Chirurgie zeigen, die in den letzten Jahren in Mode war.

Die meisten der fünfzehnhundert Kommentare, die ich im Moment vor mir habe, sind ironisch oder spöttisch, leicht neidisch auf die Gelegenheit, die sich ihr beziehungsweise ihm geboten hat, nicht aber auf die Person, die den Kommentar schreibt. Bezog sich vor zwanzig Jahren der Neid auf die Chance, dem richtigen Menschen begegnet zu sein – der die VIP zum Set gebracht hatte –, so richtet er sich heute in erster Linie auf das Geld und gleich darauf auf den Mut.

Das bedeutet, wir haben den Neid materialisiert.

Denn die Position des Showgirls wird weniger beneidet als das Geld, das sie in ihre eigene flüssige Schönheit investieren konnte, über die man beim Tischgespräch spekuliert, sie gefalle entweder dem Publikum oder aber dem Produzenten eines bestimmten Programms; und die sich aber wie bei einer Wette auf Anleihen allen Voraussagen zum Trotz als unbeständig erweisen könnte. Kurzum: In Gestalt des plastischen Chirurgen mit gottähnlichem Rang haben insbesondere Menschen, die in den Jahren der flüssigen Moderne geboren sind, das Bild eines „Rächers defekter Verbraucher" geschaffen. Mit seiner Hilfe können sie sich, natürlich gegen Geld, in kurzer Zeit den Titel eines ganz und gar auf die Standards der flüssigen Gesellschaft ausgerichteten „leistungsfähigen Verbrauchers" verdienen.

„Defekte Verbraucher könnten jederzeit und ohne ihr Wissen zu Kriminellen erklärt werden", behauptet Bauman wiederholt. Hinter diesem Satz verbirgt sich der Gedanke, die verweigerte Anpassung an die „flüssige Schönheit" führe mit großer Sicherheit zur Ausgrenzung: zunächst werde man als Verbraucher ausgegrenzt, dann als Mitglied der auf Konsum fußenden Gesellschaft und damit aus der Gruppe der Publikumslieblinge. Unausweichliche Folge dieser Reihe von Disqualifizierungen sei die endgültige Verwerfung, sodass man sich im Bewusstsein der eigenen Würdelosigkeit mitten auf einer Straße wiederfinde, gelähmt und unfähig, auch nur einen Schritt zu tun, während alle anderen – die Tüchtigeren – weiterliefen und die Stehengebliebenen anrempelten, die störend im Weg herumstehen.

Das sind besorgniserregende Erscheinungen, doch nicht wegen der Menschen, die auf Chirurgen zurückgreifen, um sich mit der flüssigen Schönheit in Einklang zu bringen. Die „Schuld" ist in dem gänzlichen Mangel an Idealen und Werten zu suchen, dem wir alle zum Opfer gefallen sind: Wir gehören zu einer Gesellschaft, die jedes Prinzip und jede Verbindung mit der Vergangenheit verloren hat, zu einer zunehmend entwurzelten Gesellschaft, die überzeugt davon ist, die Lösung aller Probleme liege darin, sein Leben uneingeschränkt dem unmittelbar Nützlichen zu widmen.

Diesen ursprünglichen Überlebensinstinkt auch auf die Schönheit zu übertragen, scheint notwendig geworden zu sein, um nicht unter den Verworfenen zu landen.

Schönheit – insbesondere die sichtbare, die in den sozialen Medien geteilt wird – kann man wie jedes andere Konsumgut erwerben, doch sie kostet Geld und erfordert Mut, zumindest für jene, die sich einem invasiven chirurgischen Eingriff unterziehen.

Es gibt eine Tatsache, die unzählige Fotos jederzeit beweisen können – man braucht nur eines der It-Girls herauszusuchen, eine Frau also, die als besonders schön und beliebt erscheint. Sucht man dann im Internet nach ihrem persönlichen „Vor“ und „Nach“ dem plastischen Eingriff, kann man – als handelte es sich um Wall-Street-Aktien – genau berechnen, wo der aktuelle Schönheitskurs steht.

Die Zahl jener Menschen, die ihrem plastischen Chirurgen diese Art von Fotos vorlegen und sich einer präventiven Spontan-OP unterziehen, um dem momentanen Trend möglichst nahe zu kommen, steigt ununterbrochen.

Keiner oder nur wenige Jugendliche beneiden den Gründer von Facebook als Träger einer Erfolgsidee; die meisten aber bewundern Menschen, die zur richtigen Zeit am richtigen Ort waren, denn dabei handelt es sich nicht um eine Situation, die sie mittels ihrer natürlichen Begabung selbst herbeiführten, sondern um äußere Faktoren wie ästhetische Chirurgie oder eine förderliche genetische Veranlagung.

Die Notwendigkeit, sich einer flüchtigen Schönheit anzupassen, wächst stark und stetig – geringfügig unterstützt von der rationalen Überlegung, diese Schönheit sei die einzige Chance, sich selbst lieben zu können und sich so zur Liebe durch andere berechtigt zu sehen. Um diesen Mangel an Liebe herum, den Männer wie Frauen empfinden und mit allen Mitteln beheben wollen, wird folglich das aktuelle, niemals endgültig definierte Schönheitskonzept errichtet.

Schönheit statt Verstand

In *Die Wunde der Ungeliebten* schreibt Peter Schellenbaum: „Unsere Identität ist in der Sehnsucht, in der unentwirrbaren Mischung des Gefühls von Wirklichkeit und Illusion, im Lebensschwung, der nicht weiter definiert werden kann." Darauf zitiert er einen Satz Nietzsches: „Der Intellekt will Herr über das widersprüchliche Werden und Vergehen werden."

Es ist, als wollte die flüssige Schönheit – denn als solche wird sie heute für gewöhnlich begriffen – die Rolle des Verstandes spielen, der versucht, die Widersprüche der Liebe zu beherrschen. Denn in der Tat erlaubt erst das Bewusstsein, im Augenblick „schön genug" zu sein, den individuell logischen Anspruch, geliebt zu werden – vor allem von sich selbst.

Die Suche nach Schönheit beschreitet im Grunde den gleichen Weg wie die Suche nach Liebe, die ihrerseits große Ähnlichkeit aufweist mit der Suche nach dem idealen Gegenstand, den man auf Amazon oder in Innenstadtgeschäften erwerben kann: fortwährend weggewischt, wieder aufgerufen, zusammengesetzt zu neuen Konsumformen und schließlich verworfen, weil er im Auge des Verlangens seinen Glanz verloren hat.

Das aktuelle Schönheitskonzept gründet zur Freude der Marktbetreiber darauf, dass man ihm nie vollkommen entsprechen kann, möchte man sich über die nächsten vierundzwanzig Stunden hinaus noch als schön definieren; ähnlich ergeht es dem Social Influencer, der mit einem täglich neuen Beitrag seinen Drive unter Beweis stellen muss, hunderttausende Likes zu bekommen und sich nicht überholen zu lassen vom nächstbesten Anwärter auf den Platz des *Beauty-Busters*.

Wie die flüssige Liebe braucht heute auch die Schönheit permanente Bestätigung. Dabei liegt die große Ähnlichkeit zwischen diesem Schönheitsbegriff und dem Begriff der besitzgebundenen Liebe auf der Hand.

Das Gefühl, geliebt zu werden, solange man glaubt, den Gegenstand der Liebe zu „besitzen", erfordert in der Tat die ständige Bestätigung, dass dieser Gegenstand als Symbol des Verdienstes, geliebt zu werden, immer noch vollumfänglich Privateigentum ist – denn nur dadurch wird das eigene Gefühl, geliebt zu werden, legitimiert. Doch Besitz unterliegt der Zeit, denn wir sind uns über den Besitz eines Gegenstandes fast nie vollkommen sicher, solange ihn uns der aktuelle Stand der Dinge nicht ausdrücklich beweist.

Selbst „Schönheit" ist zu einem „Gegenstand" geworden, den wir ständig überwachen müssen; ginge sie nämlich zur Neige, würden wir zur Strafe ausgestoßen werden.

Immer mehr Frauen, Männer und Jugendliche beiderlei Geschlechts stehen jeden Morgen auf und überprüfen im Spiegel, ob sich womöglich eine neue Falte zeigt; sie schließen sich im Badezimmer ein, um sich auf die Waage zu stellen oder die Elastizität der Bauchhaut im Gegensatz zur festen Bauchmuskulatur zu überprüfen. Oder sie schauen sich im Spiegel in die Augen, um zu erkennen, ob ihr Blick während der Nacht etwa an Attraktivität eingebüßt hat.

Das mag oberflächlich wirken, beweist aber in Wirklichkeit das Gegenteil, dass man nämlich die Oberflächlichkeit der Gesellschaft erkannt hat; demnach spiegelt sich darin der menschliche Überlebensinstinkt.

Haben wir uns schnell daran gewöhnt, das Warten auf einen Gegenstand zu verkürzen, müssen wir auch die Kehrseite in Kauf nehmen: die Minimierung der Zeit, in der wir einen bestimmten Gegenstand als unser endgültiges Eigentum empfinden. Denn, wie gesagt, selbst die Schönheit ist nicht davor gefeit, ein „zu besitzendes Objekt" zu sein.

Im Gegensatz zur Schönheit, die höchstens verloren gehen, nicht aber gestohlen werden kann, ist unser restlicher Besitz in ständiger Gefahr, geraubt zu werden.

In der Tat werden wir immerfort dazu aufgefordert, uns zu scheinbar immer günstigeren Preisen Überwachungskameras anzuschaffen. Andauernd ermahnen uns Plakate und Anzeigen, uns nie vor Dieben und böswilligen Menschen sicher zu fühlen. Ihre offensichtliche Botschaft lautet: „Lass dich rund um die Uhr überwachen, um in Sicherheit zu leben und dich – einsames Individuum, das bald in Vergessenheit geraten wird – in Sicherheit zu fühlen angesichts einer unüberschaubaren Welt, die nicht mehr auf Gemeinschaft, sondern allein auf Individualismus gründet."

Hier ist ein Prozess im Gange, der mit einigem Erfolg versucht, die Gemeinschaft durch intelligente Automaten zu ersetzen, die uns Menschen – von denen sie vollkommen abhängig sind – (vorerst) nicht hintergehen können: Wollen wir sie loswerden, müssen wir nur rasch die Aus-Taste drücken.

Im Allgemeinen sind implizite und doch deutliche Botschaften wie diese sehr nützlich für den Markt: Sie bringen leicht Geld in Umlauf, denn sie sprechen das Sicherheitsbedürfnis an, das in dem Moment verloren ging, als der Mensch die Gemeinschaft verließ, um dem „Individualismus" zu frönen. Laut *Market Research Future* – einem der wichtigsten, von amerikanischen Medien viel zitierten Marktforschungsunternehmen – wird der Verkauf von Alarmanlagen bis zum Jahr 2023 weltweit ein außerordentliches Wachstum erfahren und alle bisherigen Rekorde schlagen.

Jüngste Untersuchungen des bekannten, in Frankreich beheimateten Marktforschungsinstituts *Ipsos* bestätigen, dass Menschen mehr auf ihre Sicherheit als auf ihre Gesundheit achten; entsprechend leicht fällt es ihnen, Tausende von Euro für Technologien zur Verhinderung von Diebstählen und Raubüberfällen auszugeben. Es wird geschätzt, dass drei von vier Italienern zu Hause über Einbruchmelder und Überwachungskameras verfügen. Laut einem Bericht des amerikanischen Magazins *Security, Sales & Integration* wird der Markt für Überwachungskameras in den USA bis 2024 um mindestens 20 Prozent wachsen.

Der Erfolg von Vorrichtungen, die eine Überwachung und damit eine vorübergehende hypothetische Sicherheit garantieren, ist vermutlich unserem Wunsch geschuldet, unser fehlendes Gemeinschaftsgefühl und die uns abhandengekommene geschlossene Gruppe durch diesen technologischen Ersatz, der seine Mitglieder überwacht und verteidigt, auszugleichen.

Um in diesen Genuss zu gelangen, zahlen wir jedoch mit dem Verlust unserer Privatsphäre einen recht hohen Preis. Vor einiger Zeit habe ich an einer Veranstaltung über die Risiken mangelnder Privatsphäre im Web teilgenommen: Ein Sprecher erklärte Jugendlichen eines ganzen, aus verschiedenen Schulen der Sekundarstufe I bestehenden Instituts, dass die in sozialen Netzwerken geposteten Fotos – ganz gleich ob auf Facebook, Instagram, Snapchat oder woanders –, sobald sie online sind, aufhörten, Eigentum des Autors und des dazugehörigen Kontextes zu sein; denn sie würden vollends zum Eigentum der Netzwerkbetreiber, die sie so oft sehen können, wie sie möchten.

Gleich in der ersten Reihe erhob sich deutliches Raunen, sodass der Referent einen der etwas forscher wirkenden Jungen nach dem Grund dafür fragte. Seine Antwort war durchaus unerwartet und in gewisser Weise revolutionär: „Echt, kann uns Facebook wirklich beobachten? Können die Website-Betreiber meine Fotos wirklich sehen und dann vielleicht entscheiden, sie auch anderen zu zeigen? Das ist doch fantastisch: Da kann ich ja noch mehr meiner besten Fotos hochladen!" Diese Bemerkung nahmen all seine Schulfreunde mit Begeisterung auf.

Offensichtlich besteht ein enormer Unterschied zwischen den Erwachsenen, die Angst haben, ausspioniert zu werden, und den jüngsten Vertretern der flüssigen Generationen, die sich sorgen, nicht genug ausspioniert zu werden. Das Fehlen der Privatsphäre und damit die starke aktuelle Überwachung erhöht unser Sicherheitsgefühl und raubt uns folglich Teile unserer Freiheit; paradoxerweise fühlen wir uns dabei freier, uns (physisch) zu entfernen, schließlich kann man uns auf alle Fälle lokalisieren. Gleichzeitig werden wir dadurch aber auch verletzlicher, denn durch Tracking unserer Smartphones kann man uns auch gegen unseren Willen aufspüren.

Bestätigt sich im Laufe der Zeit, wenn die heutigen Erwachsenen alt und die jungen Menschen erwachsen sind, diese Diskontinuität zwischen ihren jeweiligen Vorstellungen von Privatsphäre, wird die flüssige Gesellschaft ein völlig neues und äußerst schwerwiegendes Merkmal aufweisen: die Nutzlosigkeit der Privatsphäre und die Notwendigkeit ihres Gegenteils. Denn eine der größten Ängste unserer Zeit gründet in der Möglichkeit, nicht gesehen zu werden, und in der Unsicherheit, die daraus erwächst. Denn allem Anschein nach findet unser Anspruch, geliebt zu werden, seine Rechtfertigung in der Menge – also in der großen Zahl – unserer gesammelten Kontakte: Wir sind global geworden und schleppen dennoch unsere privaten Probleme mit uns mit; wir haben sie selbst, wie auf einem Bildschirm, mit rotem Stift auf unsere Stirn geschrieben.

Nicht zu erkennen, wie sehr sich der Graben zwischen den Diskontinuitäten vertieft, birgt eine enorme Gefahr, heute vielleicht unsere größte Bedrohung. Denn hier wachsen Mauern, die den zwischenmenschlichen Dialog behindern, um ihn durch die einzige Kommunikationsform zu ersetzen, die der Individualismus erlaubt: den intrapsychischen Dialog beziehungsweise das Gespräch mit sich selbst. Mit anderen Worten: Wir können es uns nicht erlauben, dem Wandel zu widerstehen, denn wir selbst sind Teil andauernder Veränderungen, die nunmehr als unverbrüchlich erscheinen.

In diesem Zusammenhang identifiziert José Manuel Pérez Tornero, Professor an der Autonomen Universität Barcelona, in der Beschreibung der neuen Alphabetisierung – der Web Literacy, die eine neue Sprache für alle geschaffen hat – ein ausgesprochen erfolgreiches Anfangsmuster. Demnach kennt jeder Veränderungsprozess fünf Hauptphasen: Zunächst gibt es Widerstand, dann eine Verwirrung und später die Notwendigkeit pragmatischen Handelns. Diese ersten drei Phasen sind die Folge einer Informationsknappheit, die für gewöhnlich den Beginn jeder Veränderung markiert. Die vierte Phase besteht darin, sich selbst von der Bedeutung der Veränderung zu überzeugen, während wir in der (nicht immer vorhandenen) fünften Phase zu „Aposteln der Veränderung“ werden.

Bei aller Zurückhaltung gegenüber Transformationen sollten wir uns daher vor Augen führen, dass wir den Wandel nur dann schaffen, wenn wir ihn aktiv mitgestalten.

Kinder bekommen und „alt“ werden

„Ich warte mit dem Kinderkriegen so lange wie möglich; nach der Geburt verändert sich der Körper, man muss eine andere Kleidergröße kaufen, und das Leben ist vorbei.“

Man kann alle möglichen sozialwissenschaftlichen Bücher zum Thema Mutterschaft lesen, doch dieser Ausruf aus dem Mund einer 25-Jährigen, die mit elf Gleichaltrigen an einem Tisch saß, bringt einen der Wahrheit vermutlich näher. Ich mische mich ungern in fremde Angelegenheiten ein, aber ich war einfach fasziniert zu sehen, auf wie viel Zustimmung die Sprecherin mit ihrer Aussage stieß. Fast wären zehn der elf jungen Frauen aufgestanden, um ihr zu applaudieren, wäre da nicht eine Kleinigkeit gewesen: Die augenscheinlich jüngste von ihnen hielt ein winziges Baby auf dem Arm, das unschwer in die Schale voller Kartoffelchips, die in der Mitte des Tischs stand, gepasst hätte. Ein Riss ging durch die Gruppe: Auf der einen Seite stand das „Wir“ der modernen jungen Frauen, Anhängerinnen der flüssigen Gesellschaft, die das Leben liebten sowie die ständige Wiederkehr neuer, aufregender, vielversprechender Ereignisse – dabei spielte es keine Rolle, ob ihr Leben je einen logischen Abschluss fände oder sie nur im Provisorischen verharrten, voller Angst bei dem Gedanken an etwas Endgültiges; auf der anderen Seite gab es „Sie“, die nicht mehr Teil dieses „Wir“ war, sie, die plötzlich beschlossen hatte,

„alt“ zu werden und damit jede Hoffnung auf eine idealisierte Veränderung zu ersticken, wie sie die unendliche, ein ums andere Mal wiederhergestellte und neu aufgebaute Erwartung in Aussicht stellt.

In seinem Aufsatz „L'enfant du désir“ („Das Wunschkind“) schreibt der französische Philosoph Marcel Gauchet, dass die Erwachsenen im Lauf der Geschichte Kinder lange Zeit nicht als solche betrachteten. Sie versuchten nicht, sie in ihrem Unterschied zu den Erwachsenen zu begreifen, befanden sie doch diesen als unbedeutend angesichts der Tatsache, dass ihr Bezugspunkt der vollendete erwachsene Mensch war. Es galt, einfach abzuwarten und die Verwirklichung des wahren Menschseins möglichst gut vorzubereiten.

So wie Thierry Avalle hervorhebt, blieb die Kindheit eine Art philosophisch Ungedachtes. Auch für Platon, Locke und Rousseau war Kindheit ein imaginärer Ort. Und Gauchet behauptet, selbst nach der „Entdeckung“ der Kindheit im 20. Jahrhundert sei das Kind immer noch etwas geblieben, das man hinter sich lassen musste: Die Kindheit, die uns mit einer urzeitlichen Vergangenheit verbindet, verbleibe pathologisch in uns – so sehr, dass uns die Psychoanalyse davon erlösen möchte, indem sie die Elemente, die uns gefangen halten, ans Tageslicht bringt. Uns aus ihrem Griff zu befreien, sei die Voraussetzung für unsere Selbstwerdung und den Zugang zur Realität unserer Sehnsucht. Kurzum: Kindheit sei eine Phase, die es zu überwinden gelte. Im Gegensatz dazu, behauptet Gauchet, sähen sich heute Erwachsene durch das Kind, das gerade aufgrund seiner anerkannten, ja sogar betonten Andersartigkeit zu ihrer Projektionsfläche werde. Das Kind sei, so der französische Philosoph, zu einem „neuen mythischen Wesen“ geworden und gleichzeitig zu einem Kind der Sehnsucht, des Privaten und der Gleichheit, zu einem Ich-Ideal, einer politischen Utopie. Das Kind sei zu einem Wunschkind geworden oder aber zum Kinderwunsch. Das Wunschkind sei das Kind eines privaten Wunsches, einer Familie jenseits von Institutionen, einer intimen Paarbeziehung und einer Frau, die die Geburt als persönliche Erfahrung betrachte. Sie bekomme ihr Kind nicht mehr für die Gesellschaft, sondern für sich selbst. Tatsächlich entstehe heute die Familie durch das Kind und nicht wie in der Vergangenheit das Kind durch die Familie.

Allerdings hat die Schnelllebigkeit der letzten Jahre in gewisser Weise selbst scheinbar so aktuelle Überlegungen übertroffen. Wurde das Kind in den Generationen der Sechziger- und Siebzigerjahre noch als ein Recht betrachtet, so wurde es für die Anhänger der flüssigen Generation zum Gegenstand einer Verführung – und diese macht Angst. Es ist das Kind der Verführung, nicht mehr der Begierde.

Im allgemeinen Alltagslexikon mag die Verführung attraktiv sein und wir können uns darin wohlfühlen, doch das Risiko ist extrem hoch.

Die junge Frau mit dem Baby im Arm – an dem Tisch mit den Chips darauf – hörte wehmütig zu, den Tränen nah; und ich bin überzeugt, als sie nach dem Aperitif allein war, hat sie geweint.

Während ich sie beobachtete, schien sie mir mit dem Rücken an der Wand zu stehen, in Handschellen, allein, doch mit einer wunderschönen Rose in ihren Händen.

Dieses Bild kann eine Frau oder einen Mann verführen, und sie mögen sich dafür entscheiden, nicht die flüssige, sondern die wahre Schönheit zu verfolgen; wenn sie das aber tun, hören sie auf, Teil der Gesellschaft, Teil der Masse zu sein. Dies auf sich zu nehmen, birgt eine große Gefahr, an die die jungen Generationen fortwährend denken.

Laut *Eurostat* verzeichneten Frankreich und Schweden im Jahr 2016 die höchsten Geburtenraten in der Europäischen Union, Italien und Spanien die niedrigsten (Deutschland lag im Mittelfeld). In den 27 Mitgliedsländern werden im Durchschnitt jedes Jahr rund fünf Millionen Babys geboren. Mit 1,6 Kindern pro Frau liegt die durchschnittliche Geburtenrate deutlich unter der Schwelle von 2,1 Kindern pro Frau, die dem Wert entspricht, der für die Reproduktion der Bevölkerung in Industrieländern für notwendig erachtet wird, also der durchschnittlichen Geburtenrate pro Frau, die die Bevölkerungszahl ohne Migration konstant erhalten würde.

Mit 1,92 Kindern pro Frau liegen die Franzosen an der Spitze der Rangliste, gefolgt von den Schweden (1,85), den Iren (1,81), den Dänen und Briten mit je 1,79. Deutschland steht etwa in der Mitte der Rangliste (1,46). Am anderen Ende stehen Spanien und Italien mit 1,34 Geburten pro Frau, gefolgt von Portugal (1,36), Zypern und Malta (1,37), Griechenland (1,38) und Polen (1,39).

Im Durchschnitt bekommen europäische Frauen ihr erstes Kind mit 29 Jahren: In Bulgarien (mit 26) und Rumänien (mit 26,4) sind sie jünger, in Italien (mit 31) etwas älter.

Das ungezogene, vorlaute Kind, das ich einmal war und das mich heute noch beeinflusst und in den unmöglichsten Situationen am Ärmel zupft, versucht mich davon zu überzeugen, dass es für jede Frage eine Antwort gibt. Da sah ich doch jeden Morgen an der Ampel eine Frau aus Afrika, einen Beutel um den Hals mit zwei Kindern darin, die Autofahrer um Kleingeld bat. Ich sage „Autofahrer“, um mit mir im Reinen zu sein: Denn mir auf meinem Motorrad hatte sie sich nie genähert. Mein Gewissen fühlte sich suspendiert, solange sich nicht unter mir die Räder vermehrten. Eines Tages bemerkte ich, dass die Zahl der Kinder im Beutel auf vier angestiegen war: Zwei zierliche männliche Zwillinge mit runden dunklen Augen waren hinzugekommen.

Doch warum bekommen arme Menschen mehr Kinder als die reichen? Diese afrikanische Frau war vermutlich unter dreißig und hatte vier Kinder, ihre Arbeit bestand darin, Kleingeld zum Überleben zu sammeln, doch die sichtbarste Folge dieser Beschäftigung war: Sie musste sich mit Fahrern auseinandersetzen, die ihr Fenster gerne hochschoben, um sich von ihr nicht ansprechen zu lassen. Diese Frau lebte in der Ablehnung, im permanenten Gefühl, ausgestoßen zu sein.

Wie der schwedische Arzt und Statistiker Hans Rosling schreibt, brauchen „Eltern, die in großer Armut leben, [...] viele Kinder [...], um über Arbeitskraft zu verfügen, aber auch um eventuelle Todesfälle auszugleichen“. Tatsächlich sind die Länder, in denen Frauen die meisten Kinder bekommen (zwischen fünf und acht), auch die mit der höchsten Säuglingssterblichkeit: Somalia, Tschad, Mali und Nigeria. Rosling fährt dann fort: „Sobald Kinderarbeit unnötig wird und Frauen gebildet sind und Zugang zu Verhütungsmitteln haben, beginnen Paare aller Kulturen und Religionen davon zu träumen, weniger Kinder zu bekommen, die aber besser ausgebildet sind.“

Mit Sicherheit beeinflussen Wirtschaftskrise, Arbeitsmangel, schwierige soziale Verhältnisse, Steuererhöhungen und vieles mehr die niedrige Geburtenrate großer Teile der jungen Generation in Europa; doch es ist vor allem der Markt – die flüssige Liebe ist übrigens seine Kopie in einer pseudosentimentalen Version –, der für gewöhnlich jede Aufforderung, feste Wurzeln zu entwickeln, untergräbt. Obwohl uns der gesunde Menschenverstand vom Gegenteil überzeugen möchte, hält uns der Markt davon ab, Kinder zu bekommen; selbstverständlich hat dieser keine Lust zu denken und mit Sicherheit auch nicht die Absicht, ganze Bevölkerungen verschwinden zu lassen, was ja auf Dauer seinen eigenen Untergang bedeuten würde. Doch das Marktgebot, das die ausschließliche Anbetung des unmittelbaren Gewinns fordert, hat im Laufe der Jahre, stur, stetig und mit bemerkenswert akribischer Genauigkeit, die Nebenwirkung einer Generation junger kinderloser Menschen geschaffen. Der Markt möchte der „Universalerbe" jeder jungen Generation sein, doch er lässt sich nur von der Aussicht auf sofortigen Gewinn leiten und passt sich noch dem geringsten und mutmaßlich flüchtigsten Anlass zum Reichwerden perfekt an. Dies droht früher oder später sein eigenes Ende zu besiegeln, nährt jedoch seine gegenwärtige unübertroffene Macht.

Unsere Kinder sind unsere Eltern

Es heißt, Kinder seien die Eltern der Weisen und es bedürfe keiner Kultur oder überragender Intelligenz, um Weisheit zu erlangen und zu wissen, wie man lebt; im Gegenteil, es erfordere viel Spontaneität sowie ein grundsätzliches Hin und Her zwischen Gut und Böse jenseits von Geld- und Machtinteressen. Der berühmte Zen-Meister Suzuki Roshi schreibt: „Der Anfängergeist hat viele Möglichkeiten, der des Experten nur wenige." War es nicht ein zwölfjähriges Kind, das nach seiner Erblindung im Alter von drei Jahren die berühmte, nach seinem Namen benannte, Braille-Methode erfand, die Blinden weltweit Lesen und Schreiben ermöglicht?

Doch Braille ist nur eines von vielen Kindern, die in die Geschichte eingegangen sind. Es ist enorm wichtig, kindliche Ratschläge ernst zu nehmen.

Ein altes arabisches Märchen – später eingegangen in *Der Graf Lucanor* sowie als „Des Kaisers neue Kleider" in Andersens Märchensammlung –, auf das ich durch einen glücklichen Zufall gestoßen bin, hat mich sehr beeindruckt:

Es war einmal ein listiger Schneider, der sich über einen Kaiser lustig machte und ihn überredete, sich ein magisches Gewand nähen zu lassen, das nur für Weise sichtbar war. Der Herrscher fiel darauf herein und erschien vor seinen Ministern vollkommen nackt. „Wie findet ihr dieses magische Gewand, das nur für Weise sichtbar ist?", fragte der Kaiser. Um nicht gescholten zu werden, antworteten die Minister: „Das ist ein wundervolles Gewand, Eure Majestät!" Im Saal aber befand sich auch ein Kind, das mit der Stimme der Unschuld redete: „Welches Gewand meint ihr denn? Der Kaiser ist doch nackt." Die Minister versuchten, das Kind zum Schweigen zu bringen, aber es rief immerfort: „Der Kaiser ist nackt! Der Kaiser ist nackt!" Schließlich wurde das Kind hinausgeworfen und geschlagen.

In Büchern über Geschichte, aber auch über Marketing – zurzeit eine sicherlich beliebtere Gattung – liest man oft über Kinder.

Bei dem amerikanischen Mädchen Alexandra Scott wurde eine schwere Krebsform diagnostiziert; die Ärzte versuchten, sie zu heilen, und eine Zeitlang lebte sie in ihrer gewohnten Umgebung und hatte Kontakt zu anderen Kindern. Im Jahr 2000, als sie vier war, begann sie, Limonade herzustellen und sie in ganz Connecticut zu verkaufen, um für die Heilung kranker Kinder Geld zu sammeln. Bedauerlicherweise starb Alexandra im Jahr 2004, doch in diesen vier Jahren sammelte sie eine Million Dollar, und ihre Stiftung, die „Alex's Lemonade Stand Foundation", ist heute noch aktiv.

Die Afroamerikanerin Claudette Colvin wuchs in Montgomery auf, der Hauptstadt des Staates Alabama, und wurde dadurch berühmt, dass sie sich 1955 im Alter von fünfzehn Jahren weigerte, ihren Bussitzplatz einer weißen Mitfahrerin anzubieten, wozu sie damals aufgrund der geltenden lokalen Gesetze verpflichtet gewesen wäre. Sie war das erste Mädchen, das sich dem öffentlich verwehrte, und trat mit ihrer Weigerung eine so hohe Protestwelle los, dass der oberste US-amerikanische Gerichtshof – auch dank der unentbehrlichen Unterstützung Martin Luther Kings – dieses rassistische Gesetz in ganz Alabama aufhob.

Während ich über diese bemerkenswerten Taten von Kindern schrieb, bekam ich eine Facebook-Nachricht. Wer an das Schicksal glaubt, wird sich freuen: Ich öffnete die Nachricht und fand das Foto eines Jungen um die sechs Jahre, der mit einer Infusion im Arm auf einem Krankenhausbett lag; er lächelte schwach und seine Augen wirkten, vermutlich wegen einer Narkose, sehr müde. Doch für seine Eltern musste er lächeln, um als neuer Post mit der digitalen Welt geteilt werden zu können. Ich spreche von „digitaler Welt", denn viele stellen sich das Internet als solche vor und vergessen, dass es in Wirklichkeit mehr einem System von ihnen unbekannten Welten ähnelt, die mittels einer unwahrscheinlichen Symbiose versuchen, „Wasser und Öl zu mischen"; dass sich dabei ihre äußerst unterschiedlichen Grenzen auflösen, ist reine Illusion.

Dieser Aspekt der Zurschaustellung von Kindern im Netz, der einem sofort ins Auge springt, gehört zum Bereich des Besitzes. Ich erinnere mich, dass Papst Franziskus mir anvertraute: „Der Unterschied zwischen einer gesunden Beziehung und einer Beziehung der Verführung liegt vor allem im fehlenden Besitzanspruch der ersteren im Vergleich zur letzteren."

Der Besitzgierige ist nicht ohne Schuld. Dank der Facebook-Nachricht wurde mir klar, dass diese Zurschaustellung von Kindern durch ihre Eltern darauf hinweist, dass letztere den Kindern ihr eigenes Ich überstülpen; und dies ist in Wirklichkeit – weil dem Egoismus geschuldet – ein fester und dauerhafter Bestandteil der besitzergreifenden Grundeinstellung mancher Eltern gegenüber ihren Kindern.

Wir haben es mit einer Zurschaustellung des Schmerzes zu tun. Was kann privater und daher intimer sein als der Schmerz? Den Schmerz ihres Kindes, eine ganz und gar intime persönliche Größe, verstehen diese Eltern zwar als etwas Persönliches, doch sie beziehen es nicht auf ihr Kind; denn sie meinen, über die Verwendung dieses Persönlichen selbst entscheiden zu können wie über ein Konsumobjekt oder präziser: ein Unterhaltungsmedium.

Klebte man früher ein Foto ins Erinnerungsalbum und zeigte es allen, die einen zu Hause besuchten, so zeigt man heute das Selfie oder das Portrait, das man mit dem Smartphone gemacht hat, sofort ganz vielen Leuten, um möglichst viele „Reaktionen" zu ernten; das Selfie hat man zwei Tage später schon vergessen, doch im Netz bleibt es trotzdem allen Menschen für immer zugänglich.

Dieser Mechanismus birgt weitere drei wesentliche Aspekte: das Liken, das Teilen und das Trachten nach dem Mitgefühl seiner Mitmenschen.

Eltern, die das Foto ihres kranken Kindes – jenem Kind der Verführung – öffentlich ausstellen, sind vermutlich darauf aus, Sichtbarkeit zu erlangen, das verborgene Motiv jeder persönlichen Handlung in den sozialen Medien: Denn stets besteht die implizite und latente Notwendigkeit, sich in Form des berühmten Facebook-Likes ein positives Feedback einzuholen. In diesem Fall gehört die Sichtbarkeit zwar dem Kind, doch ist sie eine eigene Schöpfung, ein eigenes „Objekt" des Feedbackkonsums.

Auch das Trachten nach dem Mitgefühl seiner Mitmenschen ist auf denselben Beweggrund zurückzuführen: auf den Wunsch, das eigene Ich zu bereichern, indem man es dem seines Kindes überstülpt.

Was die Zurschaustellung des Lebens seines Kindes betrifft, müssen wir uns vergegenwärtigen, dass Fälle wie der soeben beschriebene einen privaten Schmerz zeigen, der öffentlich wurde und nun jeder und jedem online zur Verfügung steht. Diese Momentaufnahmen sind bleibende Dokumente für das Leben des Kindes, stets mit ihm verbunden, auch wenn es längst erwachsen ist.

Auch wenn sich die Kinder dessen nicht bewusst sind, so werden sie doch insgesamt stärker dazu neigen, den Verführungen des Marktes nachzugeben, denn unwissentlich sind sie bereits zu einem unverzichtbaren Element der vorgefassten elterlichen Denkmuster geworden.

Ist es denn richtig, dass Eltern Besitzrechte auf die Zurschaustellung ihrer Kinder in den sozialen Medien haben?

Hier können Eltern wie ein Chirurg an den sozialen Darstellungen ihres Kindes operieren, legitimiert durch den Anspruch auf einen Besitz, über den sie meinen, frei verfügen zu dürfen. Diese Darstellungen bilden unweigerlich das (öffentliche) Curriculum des Kindes.

Folglich können fremde Augen konkret in die psychische Entwicklung des heranwachsenden Kindes eingreifen; und damit steht dieses in der Gefahr, jene Gelassenheit zu verlieren, die es braucht, um sich vom Markt und dessen Promotern nicht verführen zu lassen.

Liebe, die auf Likes beruht – Eine Belohnung

Paradoxerweise kommt es häufig vor, dass Eltern um der Zukunft ihrer Kinder willen über deren Gegenwart nachdenken; seltener jedoch geschieht eine Neubewertung der elterlichen Vergangenheit, die auf das Leben des Kindes projiziert wird, das ausgestattet wird, als sei es eine Utopie. Deshalb kann man von einem „utopischen Kind" sprechen, das mehr dem Wunsch der Eltern nach einem neuen Leben durch das Kind entspringt als einem uneigennützigen Impuls, wie man annehmen könnte.

In diesem Zusammenhang sprach Papst Franziskus von einem „wiedergeborenen Kind", womit er die Gefahr verdeutlichen wollte, das eigene Kind als idealisiertes Spiegelbild seiner selbst zu betrachten.

Doch dies ist keine phantastische, sondern eine Retro-Utopie. So schreibt Zygmunt Bauman: „Die Zukunft steht nun am Pranger, während die Vergangenheit zum Guthaben verschoben und zu Recht oder zu Unrecht zu einem Raum umgewertet wurde, in dem Hoffnungen noch nicht diskreditiert sind."

Diese Retro-Utopie findet ihre tragfähige Basis in der Vergangenheit der Eltern: Wurde beispielsweise ein Mann aus einem Wunsch heraus, den ich als „utopisches Kind" definiert habe, Vater und hatte er selbst als Kind davon geträumt, sagen wir mal, Fußballprofi zu werden und Millionen zu verdienen – selbst wenn er wusste, dass er ein schlechter Fußballer ist –, so könnte er dazu neigen, seinem Sohn die „Pflicht“ aufzuerlegen, ein Spitzenfußballer zu werden.

In diesem Sinne gibt es Kinder, die extrem viel leisten müssen, um dafür mit der elterlichen Liebe belohnt zu werden; in unserem speziellen Fall wäre Fußballspielen eine Notwendigkeit, sozusagen ein Beruf.

Die Liebe in einen Lohn zu verwandeln, ist der erste Schritt, mit dem man seinem Kind garantiert ein unglückliches Leben bereitet. Abhilfe schafft hier sicherlich die Intersubjektivität, die nur dann Wirkung zeigt, wenn das Kind wahrnimmt, dass es einen individuellen Platz im kollektiven „sozialen Bewusstsein“ hat.

Diese Entwicklung ist heute viel weiter verbreitet als noch vor einigen Jahrzehnten, denn gerade in den letzten Jahren hat der Spielesektor einen starken wirtschaftlichen Wert erlangt: So ist zum Beispiel eine Karriere als Profifußballer in der kollektiven Vorstellung der Garant für ein Leben in Luxus. So kann man zumindest davon ausgehen, dass darin einer der Hauptgründe liegt, weshalb es einfacher ist, einen Jungen zum Fußball als zum Rugby zu drängen, denn hier kann man ihn sich bereits als gut geschmiertes Rädchen im Getriebe der Konsumgesellschaft vorstellen.

Ich hörte schon Väter sagen: „Du musst heute zum Training gehen, denn je mehr Tore du schießt, desto besser kannst du dich als Fußballer etablieren, und wenn du groß bist, werde ich dein Agent, und wir reisen zusammen um die Welt.“

Amateurismus und Spaß überlassen also ihren Platz dem Markt, dem jungen Leben, das zwar nicht an den

Markt verkauft, aber ihm als Versprechen dargeboten wird.

So wird Liebe zu etwas, das – wie Respekt und Erfolg – gekauft werden kann.

Das Kind, das auf diese Weise vom Markt getäuscht und bald darauf enttäuscht wird, zieht sich dann gerne zurück – zuallererst innerhalb der Familie, wo es sich nicht auf der Höhe des „primären Dreiecks" (Fivaz-Depeursinge und Corboz-Warnery) fühlt.

Ein weiterer Aspekt, der oft mit einem absoluten Götzendienst dessen einhergeht, was narzisstische Eltern für sich wünschen und auf ihr Kind übertragen, als wäre es seine Aufgabe, ist das stark verbreitete Streitklima in den Familien, gerade wenn es durch die Wirtschaftskrise gefördert wird.

Tatsächlich suchen Eltern umso häufiger nach einer Möglichkeit, ihr Einkommen dauerhaft aufzubessern, je drückender das Familienklima ist.

Haben wir uns jemals gefragt, was mit einem Kind geschieht, dessen Eltern beschließen, sich zu trennen, und dies sogar wiederholt in Anwesenheit ihres Kindes verkünden?

Dieses Verhalten führt dazu, dass sich das Kind „getrennt" fühlt. Nicht die Eltern trennen sich, wie wir in solchen Fällen häufig meinen: Zuallererst wird das Kind getrennt. Und wovon? Vom Vater? Von der Mutter? Nicht nur. Das Kind wird aus seinem „psychologischen Raum" gerissen.

Der deutsche Psychologe Kurt Lewin hat als Erster von einem „psychologischen Raum der freien Bewegung" gesprochen. Besondere Bedeutung kommt dabei seinen Werken *Das Kind und die Welt* (1931) und *Eine dynamische Theorie des Schwachsinnigen* (1933) zu. Unter dem psychologischen Raum der freien Bewegung versteht Lewin die Gesamtheit der Umstände, in die sich ein Mensch potenziell begibt beziehungsweise in denen er sich wiederfindet, wobei er diese beherrschen kann, ohne überwältigt oder überfordert zu sein.

Für das Kind bedeutet das, dass sein psychologischer Raum zu einem „auseinanderfallenden Raum" wird, zu einem Puzzle, das es jeden Tag neu zusammensetzen muss, will es für sich etwas Vertrautes haben.

Eine missglückte Scheidung birgt das Risiko, im Denken des Kindes diesen „auseinanderfallenden Raum" zu generieren, der das ehemals Einzigartige und Vertraute ersetzt und die Fülle gegen einen Riss eintauscht.

Im Fall des „getrennten" Kindes wird dieser Raum zum Schweigen gebracht; und doch ist er, wenn auch zerschlagen, bereit, jedes Mal, wenn Unzufriedenheit aufkommt, die Seele wie ein reißender Fluss anschwellen zu lassen. Dem eigenen psychologischen Raum vertrauen zu können, ist eine Voraussetzung dafür, Kind sein zu können und Sicherheit im Erwachsenenalter zu erlangen.

Der psychologische Raum, den das Kind bei sich zu Hause aufbaut, ist wesentlich wichtiger als ein Zimmer oder als getrennte Eltern: Denn in diesem Raum hat das Kind begonnen, seine eigene Welt zu erschaffen.

Eltern müssen sich also nicht nur mit ihrem Kind auseinandersetzen, sondern auch mit diesem Raum, der ausschließlich ihm gehört.

Die Suche nach dem „leeren Raum“

Als ich noch in die Grundschule ging, machten sich zwei Lehrerinnen über mich lustig – zwei Hinweise, heißt es, sind ein Beweis –, weil ich im Unterricht nicht immer aufmerksam wirkte. „Thomas starrt heute wieder Löcher in die Luft“, worauf die anderen Kinder planmäßig lachen mussten. Was ich damals in der Klasse erlebte – und ich erinnere mich an dieses Gefühl, als wäre es gestern gewesen –, war vermutlich die Suche nach dem „leeren Raum“, einem zeitlosen Raum, möglicherweise dem Vorläufer dessen, was Erwachsene als Meditationsraum bezeichnen; für Kinder ist er ein einfacher introspektiver Rückzugsort, den sie häufig aufsuchen, um mittels präziser Bilder ein momentanes Glücksgefühl hervorzurufen.

Dieser Raum ist ein Ort der Einsamkeit, der den Grund für Intuition, Kreativität und für die gesunde Melancholie legen kann, zumindest solange ihn Lehrer nicht verteufeln und folglich Scham- oder schlimmer noch Schuldgefühle erzeugen. Selbstverständlich ist es – wie bei jeder anderen exzessiven Gewohnheit – nicht gut, wenn sich dieser Rückzug zu oft wiederholt, denn das könnte in ein allmähliches psychisches Exil aus dem Alltag führen.

In unserem heutigen Jargon ausgedrückt, könnte der „leere Raum“ eine Weigerung bedeuten, die Psyche mit Adrenalin zu versorgen; ein Refugium, das sie in der richtigen Dosierung von Adrenalin und allen anderen Reizstoffen reinigt, die die regelmäßige Verführung durch den Markt erzeugt. Stattdessen würde der „leere Raum" die Balance im täglichen Auf und Ab wiederherstellen.

Kinder führen heute – mein eigenes Kindsein habe ich im Jahr 1997 mehr oder weniger hinter mir gelassen – ein hauptsächlich adrenergisches Leben und bauen ihr Glücksmuster auf Beanspruchung und Impulsentladung auf, verbunden mit einer Freisetzung von Adrenalin, jedenfalls von Reizen.

Daher kann man bei Kindern ruhig vom Untergang des „phantasiebegründeten Glücks" sprechen, das der „leere Raum" zu erschaffen vermag; so hängt Glück immer mehr von äußeren, sich rasch wiederholenden Impulsen ab, ein Zustand, der aus kognitiv-verhaltenstheoretischer Perspektive – wenn auch im richtigen Verhältnis betrachtet – einer Zwangsstörung gleicht.

Adrenalin ist eine natürliche, vom Körper produzierte Droge, die sich als solche definieren lässt, weil sie eine starke Abhängigkeit erzeugen kann.

Ich habe mich häufig gefragt, weshalb Erwachsene die kindliche Suche nach dem „leeren Raum" wie in meinem Fall als etwas so Negatives abstempeln oder gar richtiggehend verteufeln müssen. Meiner Meinung nach gibt es dafür drei Hauptgründe: Der suchende Blick des Kindes wird oft, selbst wenn er nur wenige Sekunden anhält, mit einem Mangel an Aufmerksamkeit verwechselt; er gibt dem Erwachsenen das Gefühl, ausgeschlossen zu sein, und erweckt den Anschein, das Kind sei von seinen Freunden abgesondert, außerhalb der Norm, „periodisch fremd" und als solches schwer berechenbar; das Kind erscheint dabei als melancholisch, wobei unsere Gesellschaft auf eine Kultur der Melancholie nicht vorbereitet ist, da sie diese allzu oft mit Traurigkeit verwechselt.

Das Gefühl der Melancholie ist äußerst faszinierend und wie die Liebe nur schwer in eine Schublade einzuordnen, deren Etikett in allen Sprachen dieselbe Bedeutung hätte. Der Philosoph Søren Kierkegaard hat dazu eine erhellende Theorie: „Melancholie ist nichts anderes als die Sehnsucht nach Liebe. Liebe in all ihren Formen und jedem Ausmaß, von der einfachsten Sensibilität bis hin zur höchsten Liebe des Geistes. Die Lebenskraft, der Kern der Melancholie ist der Eros: die Sehnsucht nach Liebe und Schönheit."

Der Theologe Romano Guardini meint dazu: „Den Melancholiker schmerzt die Vergänglichkeit der Dinge, er leidet, weil ihm genommen wird, was er liebt. Lebendige Schönheit ist immer flüchtig. Und der Schönheit steht der Tod zu Seite."

Die Aussage des Apostels Paulus „Nicht mehr ich lebe, sondern Christus lebt in mir" (Gal 2,20) kommentiert Guardini folgendermaßen: „Diese Worte drücken auf höchster christlicher Ebene die intime Sehnsucht jener Männer aus, die den Preis der Melancholie zahlen. Der Melancholiker möchte dem Absoluten begegnen, doch in Form von Liebe und Schönheit." Und weiter: „Der Melancholiker schafft es nicht, mit sich selbst fertigzuwerden. Melancholie ist der Preis der Geburt des Ewigen im Menschen. Vielleicht sollte man besser sagen: in bestimmten Menschen, dazu bestimmt, dazu vorgesehen, diese Nähe, den Schmerz dieser Geburt besonders tief zu empfinden."

Ich habe eine Zeit lang überlegt, wie ich knapp und allgemein verständlich den Blick beschreiben kann, der nach dem „leeren Raum" sucht. Und ich bin zu dem Schluss gekommen, dass es helfen könnte, sich Menschen vor Augen zu führen, die aufs Meer blicken. Stellen wir uns zehn Menschen am Strand vor, die wir dazu auffordern, drei Minuten lang still aufs Meer hinauszuschauen. Nach etwa zwei Minuten können wir in den Augen der meisten von ihnen den gleichen Blick erkennen … Auf diese Weise haben sie für einen kurzen Moment der Melancholie und der Ewigkeit die Vorstellung vom „leeren Raum“ entlockt.

Eine weitere Hypothese zur Melancholie für diejenigen, die an Reinkarnation glauben, lautet: Melancholisch sind womöglich Menschen, die in ihrem vorherigen Leben nicht „tot genug“ waren.

Zweiter Teil
Liebe und Eigentum
(Kann ich es haben, so will ich es auch)

Die Liebe ist außerhalb

Manche meinen, Liebe sei etwas, das uns beherrscht, das tief in uns wirkt und unsere Beziehungen zu anderen Menschen bestimmt, etwas, das in unseren Adern entsteht und sich dann in unserem Blick offenbart. Ich hingegen glaube, Liebe schaut von außen auf uns; sie ist eine Dynamik, die uns anzieht, jedoch außerhalb von uns bleibt, nicht in uns, wie man annehmen könnte. Wäre die Liebe in uns, dann würde ihr eine modifizierbare, vielleicht sogar messbare Logik innewohnen.

Liebe ist eine Kraft, die den Veränderungen ausgeliefert ist, die die Zeit um uns herum bewirkt.

Die erste Frau, die „Ich liebe dich" zu mir sagte, änderte ihre Meinung wenige Tage später, während ich mich nicht schnell genug änderte, um ihrer Liebe nicht mehr würdig zu sein. Sie erkannte, dass ich genauso war wie am ersten Tag, jedoch sah sie mich nicht mehr mit den Augen der Liebe. Ich kann es beschwören: Ich hatte mich in nichts verändert.

Damals war ich noch ein junger Kerl, doch die Liebe junger Menschen ist weder minderwertig noch minder wichtig als die der anderen; es mag sogar sein, dass sie mehr einem idealen, ursprünglicheren Prototyp der Liebe entspricht.

Wenn man erwachsen ist, ändern sich die Umstände öfter in vorhersehbarer Zeit, selbst in einem Kontext, in dem die Basis flüssig bleibt. Und in einer flüssigen Gesellschaft zu leben, bedeutet vor allem, sich jeden Tag neu zu erschaffen.

„Ich liebe dich, auch wenn du hässlich bist"; „Ich liebe dich, auch wenn du nicht besonders intelligent bist"; „Ich liebe dich, auch wenn du es nicht verdienst". Welche Wirkung haben diese Worte auf uns? Gefallen sie uns? Empfinden wir sie als verletzend? Diese Sätze sind ein Maßstab, der uns zeigt, wie sehr wir nach der bedingungslosen Liebe suchen, während wir gleichzeitig ebenso stark geneigt sind, nur eine glaubhafte, verdiente Liebe anzunehmen.

Menschen lassen sich in zwei Kategorien einteilen. Die einen wollen geliebt werden, weil sie sich von Natur aus privilegiert fühlen und daher meinen, ihnen stehe die Liebe der ganzen Welt zu, aus dem einfachen Grund, dass sie am Tag ihrer Geburt auserwählt worden seien; die anderen sind davon überzeugt, als liebenswert zu gelten, weil sie bei anderen hoch im Kurs stehen, also geliebt zu werden aufgrund der Mühe, die sie sich geben, ein angemessenes Leben zu führen. Die erste Gruppe fühlt sich durch Aussagen bestätigt, wie ich sie eben erwähnt habe. Die zweite … nun, sie reagiert, um den Angriff auf das eigene Selbstwertgefühl zu konterkarieren, mit Empfindlichkeit.

Wer nach bedingungsloser Liebe sucht, provoziert seine Umgebung oft und gibt vor, keine Liebe verdient zu haben, um zu prüfen, ob der Partner wirklich der richtige ist. Denn wenn dem so ist, dann hat die Liebe Bestand; da der Partner das Wesentliche liebt, bleibt er einem für immer erhalten.

Was geschieht aber, wenn der Partner den Fehler des anderen nicht akzeptiert und sich weigert, weiter zu lieben? Gehört er in die andere Kategorie und ist nicht auf der Suche nach der bedingungslosen Liebe, dann bekommt die Beziehung einen Knacks, einen Riss, der ihre Dynamik untergräbt.

Denn darauf kommt es an: Thema einer Liebesbeziehung ist stets ihre Dynamik, nicht die Person; weder die Menschen noch ihre Handlungen. Und wenn die Dynamik zerbricht, kann die Liebe in Frage gestellt werden.

Doch die Dynamik liegt nicht in, sondern außerhalb der Beziehung; sie wird von der Umgebung beeinflusst und beeinflusst sie ihrerseits.

Wenn wir heute von Liebe sprechen, gerade wenn wir versuchen, sie zu analysieren und zu begreifen, müssen wir die Perspektive wechseln.

Unsere Vorstellungen von Liebe haben sich geändert: In unserer globalisierten Welt ist die flüssige Liebe die Norm.

Eine Ausnahme bildet die sichere Liebe, die es schafft, eine direkte Beziehung ohne Hindernisse aufzubauen; diese Liebe kann ein Leben lang währen.

Die Liebe heute ist der Schatten, der sich rasch in dem auflöst, was ihr folgt. Die Liebe ist außerhalb von uns, sie ist nicht in uns.

Liebe ich nur, was ich besitze?

„Junge, warum isst du diesen Fisch?"

Der Junge antwortet: „Weil ich Fisch liebe."

Der Erwachsene: „Oh, du liebst Fisch. Deshalb hast du ihn aus dem Wasser geholt, getötet und gekocht? Erzähle mir nicht, du liebst Fisch! Du liebst dich selbst, und weil dir Fisch schmeckt, hast du diesen hier aus dem Wasser geholt, getötet und gekocht."

Vieles an dem, was wir Liebe nennen, ist „Fischliebe". Was bedeutet es also, wenn sich zwei junge Menschen ineinander verlieben? Es bedeutet, dass er in dieser Frau jemanden erkannt hat, der seine physischen und emotionalen Bedürfnisse stillen kann. Dasselbe gilt für sie. Liebe war es, und doch denkt jeder an seine eigenen Bedürfnisse. Viel zu viel an dem, was wir Liebe nennen, ist „Fischliebe". Wahre Liebe äußert sich dagegen darin, dass wir nicht auf das schauen, was wir bekommen, sondern auf das, was wir geben.

Der Ethikexperte und Rabbiner Dessler sagt: „Die Menschen machen einen großen Fehler, wenn sie meinen, sie geben sich denen hin, die sie lieben."

In Wirklichkeit lieben wir die Menschen, denen wir etwas geben.

Das bedeutet: Indem ich dir etwas gebe, investiere ich mich selbst in dich. Wenn Selbstliebe eine Tatsache ist, dann liebe ich, sobald ein Teil von mir in dir ist, eben diesen Teil von mir.

Wahre Liebe nimmt nicht, sie gibt.

Diese Geschichte des amerikanischen Rabbiners Abraham Twerski, eines international renommierten Psychiaters, fängt die hochaktuelle Frage nach der Besitztravestie der Liebe perfekt ein.

Wir sind es gewohnt, das zu lieben, was wir als unser Eigen bezeichnen können: „Ich möchte dir *meine* Frau vorstellen." „Ich möchte dir *meinen* Mann vorstellen." Dadurch dass ich einen Menschen öffentlich als „mein" beschreibe, fühle ich mich berechtigt, diese Verbindung nach meinem Gutdünken zu „verwalten", ähnlich einem Gegenstand, den ich wegräume, wenn ich ihn nicht mehr brauche, oder einem Auto, das ich in die Garage stelle, wenn ich es nicht mehr fahren will.

Den Partner als Eigentum zu betrachten, macht die Beziehung meistens zu einer ungeheuren Qual, insbesondere für denjenigen, der Anspruch auf diesen Besitz erhebt.

Ich bin mir dessen bewusst, dass diese Behauptung eigenartig klingen mag: Wir neigen dazu, jene Menschen als Opfer zu bezeichnen, die sich an Einbahn-Beziehungen gewöhnt haben, in denen ein Partner sämtliche Entscheidungen trifft und dem anderen nicht einmal scheinbar Freiheiten einräumt.

Doch in den letzten Jahren haben einige Vertreter der relationalen Psychologie recht deutlich klargemacht, dass in solchen Beziehungen auch der auf den ersten Blick als Täter geltende Partner Opfer sein kann – und es manchmal sogar hauptsächlich ist.

Als einstimmig anerkannter Hauptautor und Sprachrohr dieser „intersubjektiven Wende", die die Psychoanalyse in den letzten dreißig Jahren stark beeinflusst hat, gilt Stephen Mitchell. Er war es, der von internalisierten Konflikten sprach, das heißt von Konflikten, die das innere Selbst des Menschen spalten – das Selbst, das unsere Persönlichkeit ausmacht, besitzt nie eine einheitliche Struktur – und es erschweren, den Täter in einer Paarbeziehung klar zu benennen: Selbst wenn einer der beiden die dominante Rolle übernommen hat, ist es häufig der sich unterwerfende Part, der beim anderen bestimmte Verhaltensweisen auslöst.

Wer einen Besitzanspruch auf den Partner anmeldet, verurteilt sich selbst zum Scheitern: Diese Beziehung nährt sich von einer permanenten, extrem hohen Erwartung, von der Vorstellung also, dass der Partner, der Not – also der Liebe, denken wir spontan – gehorchend, die Antwort auf unsere Bedürfnisse ist.

An diesem Punkt setzen die unvermeidbaren Schläge ein, die stets unvorhergesehen sind und so lange anhalten, bis wir zu Boden gehen: Mehr oder weniger täglich schlagen wir nämlich mit dem Gefühl, das wir Eifersucht nennen, auf die Liebe ein.

Dies lässt sich vielleicht am besten mit der Erkenntnis eines Roland Barthes illustrieren: „Als Eifersüchtiger leide ich vierfach: weil ich eifersüchtig bin, weil ich mir meine Eifersucht zum Vorwurf mache, weil ich fürchte, dass meine Eifersucht den anderen verletzt, weil ich mich vor der Banalität knechten lasse: ich leide darunter, ausgeschlossen zu sein, aggressiv zu sein, verrückt zu sein und gewöhnlich zu sein."

Genauso deutlich beschreibt Erica Jong die Eifersucht als den ganzen Spaß, den in der Vorstellung des Eifersüchtigen die anderen hatten.

Und genau hier liegt das Problem: Wir leben in einer Gesellschaft, in der unsere Unfähigkeit, unsere Bedürfnisse zu stillen, den Motor des Marktes antreibt.

Es ist wohl bekannt, dass unsere Lebensweise unsere Art zu sein beeinflusst – und zwar viel mehr als umgekehrt, wie wir vielleicht meinen.

Wir sind vor allem das, was die anderen in uns sehen, sodass unsere krampfhafte Forderung, als Individuen betrachtet zu werden – und damit ein Gewicht zu haben in der Welt, das uns davor bewahrt, in einem ganz gewöhnlichen Leben übersehen zu werden –, dazu führt, dass wir uns einem immer stärkeren Selbstidentifizierungs- und Selbstetikettierungsprozess unterwerfen. Wir haben fortwährend das Bedürfnis, alles einzuordnen, um schneller zu sein und so wenig wie möglich zu denken. Dazu verwenden wir die berühmten vorgefassten Muster, die den Tags in den sozialen Netzwerken aufs Haar gleichen, und die uns helfen – wie die kognitive Psychologie es ausdrücken würde –, unser Gehirn nicht zu überlasten und weniger Energie zu verbrauchen.

Das Problem dabei ist, dass wir schließlich mehr „interpretieren" als „sind", wobei dieses „Interpretieren" zu unserer Art zu sein wird.

Das berühmteste Experiment, das zeigen wollte, wie sehr das Verhalten eines Menschen seine Einstellung beeinflusst, und nicht umgekehrt, ist sicherlich das in Philip Zimbardos Buch *Der Luzifer-Effekt* ausführlich beschriebene. Ziel dieses Experiments von 1971, das mehrere Bücher und Filme inspirierte, war es, das Verhalten von Menschen auf Grundlage ihrer Gruppenzugehörigkeit zu untersuchen. Die Ergebnisse waren verblüffend.

Für dieses Experiment wurden 24 Studenten im Alter von 20 bis 30 Jahren ausgewählt. Die meisten waren erfolgreich in ihrem Fach, hatten hervorragende Zensuren und waren nie als gewalttätig oder aggressiv in Erscheinung getreten. Die Hälfte der Studenten übernahm die Rolle von Wärtern, die andere Hälfte die von Gefangenen.

Alle Studenten wurden in einem künstlich eingerichteten Gefängnis innerhalb der Stanford-Universität untergebracht, das präzise Gefängnisnormen befolgte. Die „Wärter", die keine spezielle Einweisung erhalten hatten, waren befugt, alles zu tun, was sie zur Durchsetzung der Regeln für nötig hielten; die Insassen informierte man darüber, dass man sie demütigen und ihre Privatsphäre verletzen würde.

Nach kaum sechs Tagen musste das Experiment abgebrochen werden: Die Studenten, die die Wärterrolle ausübten, waren sadistisch geworden, einer von ihnen hatte die gefangenen Studenten sexuell belästigt; die „Gefangenen" litten ihrerseits deutlich unter Stress und Depression, was in einigen Fällen schon in Wahnvorstellungen und Zwängen Ausdruck fand.

Gestärkt durch ihre Spiegelbrillen und Uniformen – eine geglückte Mischung aus Entindividualisierung und neuem sozialen Status – hatten sich die „Wärter" in nur wenigen Stunden in die übelsten Vertreter ihrer neuen sozialen Gruppe verwandelt und den Kontakt zur Realität verloren.

Dieses Experiment kann uns auch beim Thema Liebe weiterhelfen: Wenn lediglich sechs Tage ausreichten, damit sich Musterstudenten in rücksichtslose Peiniger ohne Moral verwandeln, wie können wir dann meinen, eine Gesellschaft, die ausschließlich auf dem Sieg des moralfreien Konsums, des Zerfalls und des unvermeidlichen Ersatzes von Produkten nach kürzester Nutzungsdauer basiert, beeinflusse nicht unsere romantischen Beziehungen? Ob ich ein vorbildlicher Konsument bin und von einer Gesellschaft geschätzt werde, die dem Markt gleicht, wird vor allem aufgrund meiner Fähigkeit bewertet, mich vom gebrauchten alten Produkt zu trennen, um mich einem funkelnagelneuen Wunschobjekt zuzuwenden, das seinerseits schon bereit ist, dem nächstbesten sich anbietenden Glückstreffer Platz zu machen.

So sind wir ständig Triebkräften ausgesetzt, die nicht nur unsere Taschen leeren, sondern auch unsere ständig wechselnden Bedürfnisse undefinierbar machen wollen.

Kaum wünschen wir uns ein bestimmtes Produkt, da taucht bereits ein besseres auf; doch auch dieses wird dank der übermächtigen Werbung rasch seiner Kreditwürdigkeit beraubt – raten doch seine eigenen Erzeuger dazu, zur neuen Version zu greifen, denn die vorherige, die nach nur wenigen Monaten schrecklich überholt erscheine, lasse uns dann nur noch müde lächeln.

Folglich ist die Idealisierung des Partners als jemanden, der unsere Bedürfnisse befriedigen kann, da er sich in unserem Besitz befindet, die Folge einer Unruhe und gleichzeitig die Verurteilung dazu.

Doch was ist Unruhe? Mit Sicherheit ein Gefühl, das viele Menschen teilen. Papst Franziskus hat mir gegenüber mehrmals erwähnt, dass Unruhe nicht zwangsläufig ein negatives Gefühl sei, ganz im Gegenteil: Er hat mich ermutigt, auf sie zu hören und mich äußerst aufmerksam und ohne Angst auf sie einzulassen.

Seiner Meinung nach trägt jeder Mensch eine gute und eine schädliche Unruhe in sich. Die erste ist unser „Bewegungstrieb", unsere Angst stehenzubleiben angesichts so vieler guter Dinge, die auf uns warten; es ist die Unruhe, die uns veranlasst, Dinge zu tun, die insbesondere anderen zugutekommen. Selbst ein ganz persönlich intendiertes Projekt kann sich da als nützlich erweisen, um nicht zu sagen: als wesentlich, um andere zu retten. All dies gehört zur guten Unruhe.

Schädlich ist hingegen die Unruhe der Verführbaren, die sich ständig die Haut kratzen, weil sie ihre juckende Seele nicht erreichen können. Etwas in ihnen lädt sie dazu ein, ihre Fehler zu erkennen, und entwickelt sich zu einer Unruhe, die keine Gelassenheit zulässt, weil sie sie beschmutzt, ganz so, als fühlte man gelegentlich unter der Haut lästige Stiche, die einen tiefen, nachhaltigen Juckreiz hinterlassen.

Ein Großteil der Unruhe in der Liebe entsteht, weil sich die Anziehung in Eigentum verwandelt und der Begriff „Liebe" sich auf die bloße Notwendigkeit des Besitzens überträgt.

„Weil ich sie brauche, liebe ich sie; weil ich ständig an sie denke, liebe ich sie."

Es lohnt sich, länger über Twerskis Erzählung nachzudenken: Lieben wir den Fisch, weil wir hungrig sind, oder lieben wir ihn, weil wir uns dem Fisch schenken möchten?

Besitz bereitet nur dann Freude, wenn ich ihn zeigen kann

Indem ich eine Frau als „meine“ oder einen Mann als „meinen“ bezeichne, gehe ich einen Schritt, bei dem die Analogie zum Besitz von Konsumgütern kaum zu übersehen ist: Nur wenn ich einen Gegenstand oder eine Person als „mein“ definiere, wecke ich in einem anderen Menschen den Wunsch nach Konkurrenz und mache einen Vergleich zwischen meinem Besitz und dem des anderen möglich.

Denn wozu sollten wir einen Besitzanspruch auf einen Gegenstand oder eine Person erheben, würden wir entdecken, dass wir allein auf der Welt sind?

Würden wir ein soeben erstandenes, supermodernes und teures Konsumgut wirklich auf dieselbe Art und Weise nutzen, wenn wir es nicht anderen zeigen könnten?

Im Vergleich zu den sozialen Kanälen, die unsere geposteten Fotos mit Sicherheit mindestens einigen Hundert Personen präsentieren, gab es bis vor wenigen Jahren nur sehr wenige Menschen, vor denen wir mit einer Anschaffung angeben konnten.

Den „Kauf“ eines Gegenstands oder eines wertvollen Menschen zu teilen, garantiert uns viel Sichtbarkeit und damit unmittelbare Befriedigung; dieselbe gewonnene Sichtbarkeit verkürzt jedoch wiederum unsere Zufriedenheitsspanne mit Überschallgeschwindigkeit, denn die Konkurrenz kennt keine Gnade.

Besitz ist zweifellos der ursprüngliche Boden, auf dem unsere individualistische Gesellschaft entstand.

Individualität sei eine Aufgabe, die die Gesellschaft der Individuen ihren Mitgliedern stelle, schreibt Zygmunt Bauman in *Leben in der flüchtigen Moderne.* Ebenso sei erwiesen, dass diese Aufgabe des Individuums einen Widerspruch in sich darstelle, da sie in ihrer maximalen Ausformung unerfüllbar bleibe; denn die Existenz der Gesellschaft sei eine immanente Voraussetzung von Individualität, die die Gesellschaft als Ursprung sowie als Ziel benötige. Darüber hinaus sei Individualität an den „Geist der Masse" geknüpft, und es sei dieser letztere, der uns Individualität gebietet.

Der Wettlauf um Einzigartigkeit lässt sich da besser umsetzen. Doch Einzigartigkeit in der Konsumwelt setzt voraus, dass wir uns immer mehr Güter aneignen, um anschließend in einem dynamischen und transformativen Auswahlprozess Prioritäten setzen zu können; das bedeutet auch, unsere Auswahl mit einer solchen Kraft zu treffen, dass wir jede Konkurrenz rasch ausräumen.

Um die Konkurrenz hinter uns zu lassen, müssen wir das Temporennen gewinnen, bei dem wir den Konsumgegenstand, den wir für unverzichtbar hielten, loswerden, bevor er sich binnen weniger Tage, Wochen oder Monate als ganz und gar nutzlos erweist. Mein Wert als Verbraucher bemisst sich an der Geschwindigkeit, mit der ich mich vom iPhone des Vorjahres trenne, um ins nächste Jahr zu wechseln und so fort.

All dies lenkt unsere Aufmerksamkeit auf die Qualität und die soziale Darstellung von Menschen in der flüssig-modernen Gesellschaft.

Regeneration und Recycling, Schöpfung und Zerstörung sind untrennbare Paradigmen unserer Gesellschaft. Der Markt möchte alte Verbraucherwünsche rückgewinnen und zu neuen umgestalten, gehen sie doch alle auf dieselben Gründe zurück wie zum Beispiel auf die Angst vor Einsamkeit, auf das Bedürfnis, sich anzupassen und/oder sich einzigartig zu fühlen. So ist Schöpfung, da sie uns nie zufriedenstellt, eine äußerst verlässliche Triebfeder; und doch ist am wichtigsten dabei die Zerstörung. Zerstören bedeutet, jene Wünsche zu „trüben", die zuvor dieselbe falsche subjektive Vorstellung von Identität bewirkt haben. Heute entsteht diese Zerstörung in dem Wissen, dass die Sehnsüchte, für die wir gekämpft haben, alsbald zerstört, recycelt und in neue Konsumschöpfungen verwandelt werden.

Für zwischenmenschliche Beziehungen, die einfach verworfen werden, gilt das jedoch nicht.

Dieses Bewusstsein greift langsam um sich und macht uns den Gedanken an eine „befristete Ewigkeit" schmackhaft, der auch menschliche Bindungen unterliegen, indem sie ein System der „Assimilation" (Angleichung), der „Akkommodation" (Anpassung) und der „Äquilibration" (Gleichgewicht) jener Gewohnheiten fördern, die auch Thema langer und eingehender Studien beispielsweise von Jean Piaget waren.

Wüsste ich, was mir fehlt, würde ich mein Leben lang danach suchen, doch nicht zu wissen, was ich vermisse, kann dazu führen, dass ich zufällig darauf treffe.

Das glückliche Paar

Der Begriff der flüssigen Liebe könnte uns denken lassen, diese Entwicklung habe sogar die Möglichkeit vernichtet, dass ein Paar glücklich ist. Jedoch kann in einer Paarbeziehung Liebe auch im Zeitalter ihrer Transformation stark und befriedigend sein. Paradoxerweise zerstört die flüssige Liebe vor allem Paare, die über längere Zeit sowieso auseinandergebrochen wären: Da sie im Unterschied zur festen Liebe viel stärker von der Zeit abhängig ist, hebt sie die Inkompatibilitäten besser hervor. Die flüssige Liebe verzehrt Zeit als wäre sie deren Brennstoff. Was das Liebespaar in der Epoche der flüssigen Liebe wirklich von früheren Paaren unterscheidet, ist das Bedürfnis, sich in stets wechselnden Sehnsüchten fortwährend neu zu erfinden, die die Partner in Rhythmus und Tempo zu teilen haben.

Damit eine Paarbeziehung in dieser Zeit bestehen bleibt, muss man sich zudem immer wieder in denselben Menschen neu verlieben. Das wiederum setzt voraus, dass dieselben Veränderungen in Verhalten und Physiologie auftreten müssen, die eine Neuerung auslösen und auf einen Neuanfang hoffen lassen.

Einer Lehrmeinung zufolge, die die meisten Wissenschaftler teilen, wächst das Verliebtsein am Anfang, erreicht seinen Höhepunkt und pendelt sich dann notwendigerweise auf ein gesundes Maß ein, bis es sich schließlich „in Liebe verwandelt", also in etwas viel Stärkeres; dieses muss, damit in der Beziehung Gelassenheit einkehren kann, die Spannungsprobe bestehen, eben das Verliebtsein. In der flüssigen Liebe ist alles anders: Liebe ist hier keine sichere, beständige Spannung, sondern befindet sich in ständiger Bewegung; und die Gelassenheit in der Liebe ist stets eine Spannung, eine Art Balance der Spannungen zwischen den Partnern.

Einander zu lieben, ist vermutlich im Zeitalter der flüssigen Liebe viel anspruchsvoller als in der Vergangenheit, denn es erfordert zwei Gehirne in ständiger, stetiger Bewegung, die einen Kompromiss finden müssen: Die Partner sollen eine Zeit lang im gleichen Tempo leben, in einer Geschwindigkeit, die beide befriedigt. Merkt einer von ihnen, dass sein Tempo nicht dem des anderen entspricht, dann wird eine Wiederversorgung nötig, ein „Boxenstopp", der für einen gemeinsamen Neustart sorgen kann. Dieser „Boxenstopp" ist bei vielen Paaren der Streit, die Notwendigkeit, mit Hilfe einer Explosion Differenzen zu überwinden. Denn was würden zwei Unbekannte im dritten Stockwerk eines Gebäudes tun, wenn sich im Erdgeschoss eine Explosion ereignet? Sie würden mit Sicherheit beginnen, miteinander zu reden, um dann womöglich den Fluchtweg gemeinsam anzutreten. Die Explosion führt dazu, dass zwei Unbekannte, die sich in Gefahr fühlen, anfangen, miteinander zu sprechen.

So ist auch der Streit die Explosion, die eine Beziehung in Sicherheit bringt, denn sie lenkt von individuellen Wünschen ab und stellt das Paar, also die zwei Menschen, die es bilden, in den Mittelpunkt. Frei nach dem Komödiendichter Terenz: Streit zwischen Liebenden macht die Liebe neu.

In ihrem kürzlich in der *Huffington Post* erschienenen Artikel mit dem Titel „All Couples Fight. Here's how succesful couples do it differently" („Alle Paare streiten. Erfolgreiche Paare streiten anders") erstellt die Journalistin Brittany Wong auf Grundlage von Expertenmeinungen eine Art Vademecum über die Kunst des Streitens, die zum Wohl des Paares beiträgt. Zunächst sei es wichtig, „nicht vor der Konfrontation wegzulaufen", dann solle man „darauf achten, zu Beginn jedes Streites langsam zu sprechen". Glückliche Paare in langjährigen Beziehungen lieferten sich selten wütende, sprachlich brutale Auseinandersetzungen, weil sie sich nicht auf das Niveau von „Schulhof"-Taktiken begeben und so „persönliche Beleidigungen vermeiden". Zudem „wissen sie, wie sie ihre Wut kontrollieren können": Manche zählen in Gedanken bis zehn, wenden erlernte Meditationstechniken an oder stellen sich etwas Entspannendes vor. Dann werden „Grundregeln aufgestellt wie: „nicht übereinander reden" und „die Gefühle und Standpunkte des anderen akzeptieren". Ein weiterer wichtiger Aspekt ist laut diesem Artikel, „im Zweifel für den Angeklagten zu entscheiden, also vom guten Willen des anderen auszugehen", und schließlich stets daran zu denken, dass „jedes Paar ein Team ist".

Mehrere amerikanische Studien zur Sozialpsychologie zeigen, wie erfüllte und dauerhafte Beziehungen schon immer dazu neigen, eine gemeinsame Sprache zu entwickeln, die allein den Liebenden gehört und für Menschen in ihrer Umgebung nur schwer verständlich ist. Liebe scheint also ein so starker menschlicher Antrieb zu sein, dass sie sogar eine echte Metasprache erschaffen kann, die zwischen zwei Menschen und der Außenwelt steht.

In seinem Roman *Traumsammler* schreibt Khaled Hosseini: „Ihre Streitereien endeten nicht, sondern lösten sich vielmehr auf wie ein Tintentropfen in Wasser und hinterließen stets eine Spur." Mit dieser Spur könnte die Glut gemeint sein, die das ewige Feuer ausschließlicher Liebe am Leben erhält, selbst wenn von allen Seiten das Flüssige hereinströmt. Obwohl unscheinbar, besitzt diese Spur eine einzigartige Stärke: Indem sie durch den Streit den Eindruck von Distanz zwischen den Partnern simuliert und so die Lust neu entfacht und von außen – wie es der Markt gerne hätte – wieder ins Innere der Beziehung lenkt, lässt sie das Paar daran denken, was der Verlust des anderen bedeuten würde.

Erinnern wir uns daran, dass im Zeitalter der flüssigen Liebe jedes Paar aus zwei Menschen besteht, die nicht nur zusammenleben, sondern in erster Linie *individuell zusammenleben.*

Flüssige Liebe – Die Pflicht, auf der Stelle einen Menschen zu finden, den es nicht gibt

Wie aus meinem Gespräch mit Zygmunt Bauman in *Die Entwurzelten* hervorgeht, gründet der Erfolg des im Internet angebotenen Handels mit Gefühlen darauf, dass er die zeitliche Entfernung zwischen den Partnern verringert und scheinbar immer bessere emotionale wie sexuelle Perspektiven garantiert, das heißt immer neue Wünsche, die uns zur Verfügung stehen.

WhatsApp, Telegram, Snapchat, Messenger und TikTok erfüllen genau diese Funktion: Sie verkürzen die Zeit, die wir benötigen, und lassen uns viel schneller zum gewünschten Ziel gelangen; diese unmittelbaren Prozesse können räumliche Entfernungen wie nie zuvor überwinden und die Zeit zum einzigen, aber unbedeutenden Hindernis erklären. So lautet zum Beispiel eine gängige Frage: „Wie lange brauche ich von Rom aus zu dir nach Miami?“ Oder haben Sie in den letzten Jahren schon mal jemanden sagen hören: „Wie viele Kilometer sind es bis zu Ihnen?“

Dabei liegt die Gefahr gerade darin, nur um der individualistischen Idee von der Liebe willen zur Verliebtheit zurückzukehren statt der Person, die hinter dieser Vorstellung stehen müsste.

Früher, als es noch Gemeinschaften gab – auch wenn sie uns manchmal in die Irre führten –, schmolzen unsere Erwartungen an Menschen dahin, sodass wir unsere Chance auf Wohlergehen – oder sentimentaler und gemeinhin illusorischer ausgedrückt: auf Glück – auf etwas außerhalb von uns projizierten.

Kein Zufall, dass es damals kein Internet gab, sondern nur Fernsehen: Tatsächlich tarnten sich anfänglich beide als Unterhaltung, als eine Befreiung, die dazu führen werde, dass wir in der Öffentlichkeit auf die Lösung unserer privaten Probleme stoßen. Doch im Fernsehen fand dies nur durch eine mögliche Wiedererkennung und Nachahmung statt, ganz ohne Interaktion. Und ebendiese fehlende Interaktion bewahrte die Zuschauer davor, von diesem Medium eine konkrete Erfüllung ihrer Träume zu erwarten: Das Fernsehen nährte zwar den unrealisierbaren Traum, dabei zu sein, allerdings mit derselben Wahrscheinlichkeit eines Lotteriegewinns. Im Unterschied dazu hat das Internet die Unmöglichkeit scheinbar möglich gemacht, mehr noch: Die Verherrlichung der idealen künstlichen Gemeinschaft, die es zu schaffen versprach, hat sich als eines der wirksamsten Mittel zu seiner eigenen Verbreitung erwiesen.

Dies mag uns im Nachhinein vor Augen führen, dass es oftmals die Unerreichbarkeit der eigenen unsteten Ziele ist, die uns Menschen vor Verfall und Untergang schützt.

In der flüssigen Gesellschaft, die als Erstes ihre Vorstellung von Gemeinschaft eingebüßt hat, versteifen wir uns zunehmend darauf, einen Menschen zu idealisieren, den es in Wirklichkeit nicht gibt, der aber, wie die Gesellschaft selbst verlangt, sofort gefunden werden muss: So müssen wir unablässig nach diesem Menschen suchen, mit allen Mitteln, die uns die Gesellschaft als angeblich uneigennützig in unserem Dienst stehend anbietet, nur damit wir unweigerlich unsere x-te Enttäuschung und Ernüchterung erleben. Denn unsere Suche zerbricht schließlich an der bitteren Realität: Den idealen Partner, den lange gesuchten und idealisierten Menschen, den wir lieben können und der uns liebt, gibt es nicht. Das liegt in der Natur unserer wandelbaren Suche, die durch die mannigfaltigen, ausdifferenzierten Erwartungen ohne jede Logik oder Rationalität tatsächlich ständigen Veränderungen unterworfen ist.

Verfolgt unsere Suche nach dem idealen Partner einen unbeständigen, sich ständig wandelnden Gegenstand, Opfer der augenblicklichen, flüchtigen Zeitbeschleunigung, erweist sie sich zwangsläufig als Fehlschlag.

Diese Beschleunigung kann nicht einmal mit dem menschlichen Ich Schritt halten. Undenkbar also, dass sie in der Liebe mit einem anderen Menschen kompatibel wäre, erst recht nicht heute, da die Liebe von der Konsumgesellschaft beschädigt wird.

Zwar können wir einen Partner *erschaffen,* auf dem sich unser Konzept der Liebe aufbauen ließe; doch die *Suche* nach einem solchen Menschen ist zum Scheitern verurteilt, denn selbst wenn wir ihn fänden, wäre die Beziehung nicht von Dauer.

Offensichtlich ähnelt die Liebe mehr und mehr der Einstellung „Ich bin in mich selbst verliebt“ als der Einstellung „Ich bin in jemanden verliebt“.

Bis dass die Entsorgung uns scheidet

Ich bin überzeugt davon, dass soziale Medien, die gründlich und mit der gebotenen Sorgfalt untersucht werden – unter Berücksichtigung des Einflusses beispielsweise, den die vom Internet garantierte Anonymität auf uns hat –, mehr aktualisierten sozialwissenschaftlichen Lexika gleichen als lächerlich trostlosen Vorstadt-Graffitis, wie man uns gelegentlich einreden will.

Es gibt einen Post, der in sozialen Foren auf der ganzen Welt zeitweise erscheint, verschwindet und dann wieder auftaucht. Das Bild wechselt, doch der Text bleibt immer gleich und sorgt überall – wie für die Like-Welle auf Facebook üblich – für einige Sekunden Popularität.

Zwei ältere Menschen, Mann und Frau, umarmen sich lächelnd. Der Text dazu lautet: „Wie haben Sie es geschafft, mehr als sechzig Jahre zusammenzubleiben?“ Antwort: „Weil wir in einer Zeit geboren sind, in der kaputte Dinge repariert und nicht weggeworfen wurden.“

Wir können davon ausgehen, dass der Erfolg dieses Posts weniger in der Schönheit des Bildes liegt – obwohl das allein schon erwähnt werden müsste, wird doch in den sozialen Medien eben diese belohnt – als in der Beschreibung eines Problems. Denn die meisten Kommentare zu diesem Post stammen von Angehörigen der flüssigen Generationen und nicht von denen, die, auch wenn vielleicht nur kurzzeitig, den Triumph der Logik über die Flüchtigkeit des Lebens kannten.

Eines der von Zwanzigjährigen ganz gleich welcher Generation meistbegehrten Gegenstände ist sicherlich das Auto. Stellen Sie sich vor, Sie treffen einen Zwanzigjährigen aus den Achtzigern und vergleichen ihn mit einem Gleichaltrigen von heute.

Zunächst einmal: Wer sich heute ein neues Auto kauft, ohne sich übers Ohr hauen zu lassen, kennt sich mit Finanzierung, Hypotheken und Versicherungen bestens aus. Dies ist eine wichtige Voraussetzung, die dem Käufer deutlich macht, dass sein Wunsch nie ganz befriedigt werden kann und dass grundsätzlich ein Hauch von Unsicherheit bestehen bleibt, bedingt durch die Fülle von Entscheidungen, die getroffen werden müssen; mindestens eine davon wird sich, wenn nicht als Fehler, so doch als ein Zweifel erweisen, der vermutlich offenbleibt.

Wie Sie unschwer erkennen können, gibt es also zahlreiche Verträge, die zu vereinbaren, und Probleme, die zu bewältigen sind.

Kommen wir aber auf den Punkt: Der Händler, der heute einem Zwanzigjährigen einen Wagen verkauft, versucht ihn davon zu überzeugen, dass er nicht etwas Ewiges und Verlässliches kauft, sondern etwas, das man mit Sicherheit leicht wieder loswerden kann, weil aus dem gebrauchten Modell viel Geld herauszuschlagen ist.

Wie jeder Autoverkäufer bestätigen wird, ist das Argument, das Fahrzeug könne nach einem Jahr der Nutzung wieder zum Neuwert verkauft werden, in vielen Fällen die erfolgversprechendste Verkaufsstrategie.

„Mit diesem tollen Neuwagen fährt man praktisch ein Jahr lang kostenlos und wird noch von allen beneidet“, ist der Satz, der die Endorphinausschüttung beim potenziellen Vertragsunterzeichner besonders stark anregt.

Zu den attraktivsten und erfolgreichsten Angeboten in Autohäusern gehören Kredite, die es Kunden und Kundinnen ermöglichen, „nicht einmal mehr zu merken, dass sie Geld ausgegeben haben", nur ein paar hundert Euro monatlich verteilt auf einige Jahre – drei für gewöhnlich –, dann folgt der wichtigste Teil: Entweder Sie bezahlen beim Vertragshändler sämtliche Restschulden in einer einzigen Rate – das sind stets mehrere Tausend Euro, sodass es durchaus Probleme bereiten kann, alles auf einmal auszugeben – oder aber, oh Wunder, Sie geben das Auto zurück, sparen sich die Restrate, und derselbe Händler liefert Ihnen mit einem außergewöhnlichen Rabatt die funkelnagelneue, noch nicht immatrikulierte Version desselben Modells. Und auch in diesem Fall – unglaublich, aber wahr – können Sie dasselbe Verfahren in Anspruch nehmen, das Ihnen schon einmal angeboten wurde.

Natürlich gilt diese Praxis verbunden mit dem ersten großen Wunsch junger Menschen – insbesondere in wirtschaftlicher Hinsicht – auch für alles andere: vom Smartphone bis hin zu den unterschiedlichsten technischen Accessoires; würde ich sie hier alle aufführen, wären sie in dem Augenblick, in dem ich dieses Buch beende, bereits veraltet.

All diese Produkte haben eine für die Verbraucher äußerst wichtige Garantie; wobei man sie vielmehr als „Verbrauchte" bezeichnen sollte oder als „Verbrauchende, bis dass die Entsorgung uns scheidet", sind sie doch immer weniger in der Lage zu entscheiden, was sie wirklich konsumieren wollen; stattdessen fallen sie allesamt demselben vorbehaltlosen Konsum zum Opfer. Da fällt mir dieser Vers aus Beaumarchais' *Die Hochzeit des Figaro* ein: „Trinken, ohne Durst zu haben, und jederzeit Liebe zu machen – nur das, meine Dame, unterscheidet uns von den anderen Tieren." Auch diese Garantie gilt für zwei, manchmal drei, in seltenen Fällen fünf Jahre und bezieht sich nicht wie früher auf die tatsächliche Laufzeit des Produkts, sondern auf die „Flamme", mit der wir es begehren.

Die Stärke des auf ein bestimmtes Ziel gerichteten Wunsches hat eine Laufzeit von zwei, manchmal drei, in seltenen Fällen fünf Jahren: Das wissen die Marketingexperten, die ein Vermögen damit gemacht haben zu erraten, wie lange der Wunsch nach einem Produkt währt, und in der Lotterie der Garantieverlängerungen zu gewinnen.

Es überrascht nicht, dass die Experten dieser „Branche" eine Sprache benutzen, die derjenigen über Verliebtsein und Liebe stark ähnelt.

Man könnte Tausende mehr oder weniger glaubwürdige Studien anführen, denen zufolge das Verliebtsein ein Jahr – diese Zahl taucht tatsächlich immer wieder auf – beziehungsweise sechs Monate – was seltener ist – oder aber zwei Jahre dauern würde – das kommt jedoch fast nie vor.

Für viele ist Liebe eine Art chemische Substanz und unterliegt dem Einfluss anderer chemischer Stoffe, die der Körper spontan produziert.

Laut einer aktuellen Studie einer Forschergruppe der Syracuse University (USA), erschienen im *Journal of Sexual Medicine* mit dem Titel „Neuroimaging of Love" („Neuroimaging [Bildgebung des ZNS] der Liebe"), reicht eine Fünftelsekunde aus, um sich zu verlieben. Die Autoren schreiben, der Prozess des Verliebens sei viel stärker vom Gehirn gesteuert, als wir meinen. Beim Verlieben würden in diesem winzigen Bruchteil einer Sekunde zwölf Bereiche des Gehirns aktiviert; diese setzten Stoffe frei, die ein Gefühl der Euphorie auslösten: Dopamin, Oxytocin und

Adrenalin. Mehr noch: Das Liebesempfinden, erklären die Forscher, habe auch Einfluss auf anspruchsvolle kognitive Funktionen wie die mentale Repräsentation und das Körperbild.

Laut manchen Wissenschaftlern, darunter dem Psychotherapeuten Jed Diamond, liegt das Geheimnis der Liebe im Durchlaufen von fünf Phasen: sich verlieben, ein Paar werden, eine Enttäuschung erleben, eine echte und dauerhafte Liebe schaffen und schließlich die Kraft beider Partner nutzen, um sich und die Welt zu verändern.

Bezeichnend ist dabei weniger der Begriff für die einzelnen Phasen, sondern der menschliche Versuch, einen so flüssigen Begriff wie die Liebe in ein festes Schema zu pressen – einen radikal subjektiven Begriff, der immer individueller wird und sich jeder dauerhaften Einordnung entzieht. Das einzig Gewisse an ihm liegt, insbesondere in dieser historischen Phase, weiterhin in seiner deutlichen Ähnlichkeit mit dem Markt und der Gesellschaft, die sich ihm unfreiwillig unterwirft.

Die Ewigkeit dauert fünf Jahre

Einer der häufigsten Fehler liegt in der Einbildung, man könne alles klassifizieren: Hierhin kommen die Zuneigungen, dahin die Liebe, dorthin die Arbeit und so weiter. Der Mensch möchte sich gerne davon überzeugen, dass jeder nichtmaterialistische Aspekt zu einem materialistischen werden kann. Vermutlich geschieht dies in erster Linie aus Profitgründen: Alles was ge*taggt* – und damit bestimmt – werden kann, ist potenziell von Vorteil oder täuscht einen solchen vor und weckt im Subjekt die Sehnsucht und den Willen, einen bestimmten Weg einem anderen vorzuziehen.

Auch die Liebe sowie jede romantische Verbindung scheinen dies zu bestätigen: Wie oft sehen wir, dass die größte Sorge eines neuen Paares darin besteht, ihrer Beziehung einen Namen zu geben, um sie klar zu definieren? Sicherlich ist dieser typisch menschliche Zug nichts Neues; denn der Mensch bleibt bis zum Gegenbeweis das einzige Lebewesen, das die Zukunft zu etwas idealisieren kann, das in seine Vorstellung von der Gegenwart eindringt und sie vollkommen vereinnahmt. Worin liegt also der Unterschied des „Liebes-*Tags*" zur Liebe in der Vergangenheit? Diese Begriffe unterscheiden sich in der Zeitperspektive des Tags, im Wandel seines Verhältnisses zur Zeit: Was früher als Sehnsucht nach etwas „Unendlichem" und Unbefristetem galt und zu einem einzigartigen, nicht reproduzierbaren Wert erhoben wurde, das nur in einer beneidenswerten romantischen Beziehung realisierbar war – so dachte man in den Zeiten von „Sie lebten glücklich bis an ihr Ende …" –, wird heute in unserer Gesellschaft als etwas definiert, das *nicht zu sehr verpflichten* und unter allen Prioritäten nicht zwangsläufig eine Sonderposition beanspruchen darf – willkommen in der Zeit von „Sie lebten glücklich und froh!".

Als Individuum, eingebettet in einer Gesellschaft von Individuen und immer weniger Mitglied einer Gemeinschaft, muss ich mich jeden Tag davon überzeugen, dass der morgige Tag unbedingt besser wird als der heutige; dass ich also alles Gegenwärtige aufgeben kann zugunsten einer individuellen Zukunft, die, auch wenn sie immer unsteter ist, immer noch ein starkes Ideal abgibt.

Papst Franziskus erzählte mir die merkwürdige Geschichte eines jungen Seminaristen, der ihm einmal gestanden hatte, er wolle gerne nur für zehn, höchstens fünfzehn Jahre Priester werden, jedenfalls nicht sein Leben lang.

Es ist bezeichnend, dass im statistischen Jahrbuch 2017 des *Istat* zu lesen ist, Italien gehöre zu den ältesten Ländern der Welt, in denen die Geburtenzahlen sinken und die Lebenserwartung steigt, ein Land, in dem die Zahl der Eheschließungen zwar steigt, die Scheidungen aber insgesamt zunehmen, woraus sich eine jährliche überproportionale Zunahme von Alleinstehenden ergibt: 31,6 Prozent aller Haushalte bestehen aus einer alleinlebenden Person.

In einem Bericht des CNN mit dem sehr bezeichnenden Titel „There's never been a better time to be single" („Es gab nie einen besseren Zeitpunkt, um Single zu sein") schreibt die Journalistin Bella DePaulo, dass in den Vereinigten Staaten die Zahl der Menschen ohne Ehe- beziehungsweise Lebenspartner im Jahr 2017 auf 42 Prozent kletterte. Laut des amerikanischen statistischen Bundesamts Census Bureau, so fügt sie hinzu, erreichten im selben Jahr die unverheirateten Erwachsenen eine Rekordzahl. Mehr als 110 Millionen Einwohner sind geschieden oder verwitwet oder waren schon immer ledig; die Heiratswilligen brauchen länger denn je, um zu heiraten. Das Durchschnittsalter der ersten Eheschließung in den USA – ich betone „erste" – stieg auf 29,5 für Männer und auf 27,4 für Frauen.

Ein weiteres Land, das häufig erwähnt wird, wenn es um Theorien rund um die Liebe geht, ist Schweden. Aufgrund seines hohen Lebensstandards, der flexiblen Arbeitskultur und der Natur zählt es für Menschen, die auf der Suche nach einer neuen Heimat sind, oft zu den attraktivsten Orten der Welt. Ebenso gehört die lutherische Landeskirche zu den fortschrittlichsten der protestantischen Welt – so ist Eva Brunne tatsächlich die erste homosexuelle Bischöfin. Der Wirtschaftswissenschaftler Jacques Attali spricht oft von skandinavischen Ländern als von Orten, an denen es jetzt und in Zukunft „ein außergewöhnliches Beziehungsklima" gibt, „führende Industrien, exzellente Universitäten, größere Ölressourcen, ein hohes Bildungsniveau, hohe Sicherheit, ein außerordentlich gutes Sozialsystem, eine hohe Lebensqualität, die die Klimaerwärmung paradoxerweise verbessern wird, auch wenn sie für die Küsten eine Bedrohung darstellt".

Wie die *BBC* in einem Artikel von Maddy Savage hervorhebt, sind „Schweden auch die Weltbesten darin, Englisch als Zweitsprache zu sprechen, was solventen Neuankömmlingen eine sanfte Landung ermöglicht."

Im selben Artikel lesen wir jedoch auch, dass laut einem Bericht von *Statistics Sweden* aus dem Jahr 2015 „nur jeder vierte Mensch, der als Single nach Schweden zog, innerhalb von fünf Jahren einen Partner fand".

Dr. David Schultz, ein amerikanischer Psychotherapeut, der seit vielen Jahren in Schweden lebt, weist darauf hin, dass die Schweden als Mitglieder einer „liberaleren Gesellschaft" – auch wenn nicht alle Singles freiwillig allein sind – in puncto Beziehungen möglicherweise weniger konventionell sind als andere Nationalitäten: „Man kann mit jemandem zusammenwohnen, aber nicht zusammenleben, die Ehe ist keine allzu starke Institution, man kann Kinder haben und doch nicht heiraten. Es ist eine ganz andere Kultur."

Schweden ist mit Sicherheit ein Staat, in dem der Individualismus gesiegt hat; ihm gleichen sich viele andere Staaten an, die diesbezüglich etwas rückständiger sind. Auch dieser Prozess geschieht analog zu den ständigen, wenn auch flexiblen Bewegungen des Marktes. Wir erweisen uns als äußerst gut darin, so zu leben, als säßen wir in einer Achterbahn von Aktienkursen, und zahlen dafür, häufig unbemerkt, den hohen Preis der Unsicherheit und des Schwindels.

Liebe wird nicht gefunden, sie wird erschaffen

In der flüssigen Gesellschaft werden kaputte Sachen nicht mehr repariert, sondern sofort ersetzt; schon beim Kauf wissen wir, dass sich ihre Lebensdauer immer direkt proportional zur Laufzeit ihrer Garantie verhält, die uns die Möglichkeit einer kostenlosen Reparatur zusichert.

Angehörige der in den Fünfziger-, Sechziger- und Siebzigerjahren geborenen Generationen haben sich zum Teil dagegen verwahrt, dass diese Auffassung auch in ihre emotionalen Bindungen und Liebesbeziehungen Einzug hält und das Leben der kleineren Gruppe, die Liebe mit Eros verwechselt, mit Begriffen wie Polygamie oder Polyamorie belegt; im Gegensatz dazu haben die Generationen der Achtziger- und vor allem der darauf folgenden Jahre eine echte Wandlung des Liebesbegriffs erlebt: von der Liebe, die man „produziert", zur Liebe, die man „konsumiert".

Erich Fromm schreibt in seinem Buch *Die Kunst des Liebens*, Liebe sei nicht nur eine Beziehung zu einer bestimmten Person, sondern eine Haltung, eine Charakterorientierung, die die Beziehung eines Menschen zur Welt und nicht zu einem „Liebesobjekt" bestimme. Damit meint Fromm, Liebe liege nicht auf der Straße, sondern sie werde erschaffen: Für ihn ist Liebe das Werk eines Menschen und kein „Objekt", auf das man zufällig stößt.

Fromm veröffentlichte sein berühmtes Buch im Jahr 1956 in einem historischen Kontext, in dem Liebe noch als Frucht einer Produktionsgesellschaft galt. Doch in einer Gesellschaft, in der man sich den Respekt und den Neid seiner Mitmenschen ausschließlich durch Konsum und der Fähigkeit zu konsumieren verdient, ist alles anders.

Als natürliche Folge dieses Wandels halten heute immer mehr Menschen die Liebe für einen Glücksfall: „Was für ein Glück, dass ihr euch gefunden habt, ihr seid wie füreinander geschaffen!" All dies ist zweifellos dem unbewussten Einfluss einer Gesellschaft zu verdanken, die aufgehört hat zu produzieren, und ihren Mitgliedern stattdessen andauernd neue Wünsche einflüstert, die stets nach Konsum trachten und nie nach Produktion.

Liebe, die man findet, ist für jeden erreichbar, während erschaffene Liebe, will sie lebendig bleiben, Opfer, Fürsorge, gemeinsame Projekte sowie viele „Reparaturen" und Anstrengungen erfordert – dies gilt natürlich nicht für etwas, das man wegwerfen und ersetzen kann.

Es ist daher viel zeitgemäßer, an eine Liebe zu glauben, die wir einer zufälligen Begegnung verdanken, als an eine Liebe, die auf unsere Mühe zurückgeht, etwas zu erschaffen, zu bewahren und zu teilen. Von langfristigen Projekten wird immer abgeraten, denn, um zukunftsfähig zu bleiben, drängt uns die Gesellschaft dazu, dem unmittelbaren Gewinn zu huldigen; die Suche nach menschlichem Erfolg setzt sie dabei herab auf das Niveau von Börsenaktien und Smartphone-Apps: ständig aktualisiert, auf Anfang gestellt und wiederbelebt durch ein neues, von den launischen Hashtags des Tages beeinflussten Logo. Apps altern ebenso schnell wie Jobs und Beziehungen.

Es war unvermeidlich, dass diese Lebensweise, vor allem aber die ständige Vernetzung bei den jüngeren

Generationen zu erheblichen, wesentlichen Änderungen des Liebesbegriffs führt.

In sozialen Netzwerken stoßen wir immer öfter auf ergreifende Hilferufe oder auf Berichte von beruflichen beziehungsweise emotionalen Enttäuschungen. Viele Posts beginnen mit der Anmerkung: „So etwas sage ich normalerweise nicht in der Öffentlichkeit, aber diesmal mache ich eine Ausnahme …" Führt man ein intensives mediales Leben, kann man täglich mindestens hundert solcher Formulierungen lesen, wobei dieser Satz komischerweise nicht selten von denselben Menschen wiederholt wird.

Sogar das Teilen von Fotos in sozialen Medien, die eine gut funktionierende private Beziehung zeigen, kann eine Bitte um Hilfe sein, ein latenter Wunsch nach Veränderung oder aber das Bedürfnis, sich auf dem geposteten Foto selbst lächeln zu sehen.

All dies ist Teil des Gebildes eines „selbstverliebten Ichs", das über die Zurschaustellung seiner nicht nur physischen, sondern auch inneren Schönheit nach der Lösung des privaten und individuellen Problems namens „Liebe" fragt.

Sobald das selbstverliebte Ich erschaffen ist, kann es ruhig annehmen: „Wenn ich mich selbst lieben kann, dann müssen mich auch die anderen lieben."

Tatsächlich meint der Individualismus, die Erwartung an den anderen, sich dem eigenen Ich anzupassen, sei legitim, während das umgekehrt sehr selten geschieht.

Wie Zygmunt Bauman in *Leben in der flüchtigen Moderne* schreibt, „scheint die Individualität als Akt der persönlichen Emanzipation und Selbstbestätigung von einem [...] unheilbaren Widerspruch belastet. Sie benötigt die Gesellschaft als Ursprung sowie als Ziel [. . .]; Individualität ist eine Aufgabe, die die Gesellschaft von Individuen ihren Mitgliedern stellt [...], und doch ist diese Aufgabe in sich widersprüchlich und zum Scheitern verurteilt – in Wirklichkeit sogar undurchführbar. Individualität als Aufgabe ist ein Endprodukt der gesellschaftlichen Transformationen, getarnt als persönliche Entdeckung."

Die sozialen Netzwerke, in denen die weltweit häufigste geglückte menschliche Identifikation einer Einzelperson stattfindet, entstehen und verbreiten sich daher, als wollten sie beweisen, dass nicht derjenige spricht oder schreibt, der sich mit seinem Profil verbindet, sondern der Nutzer, der sich im Augenblick des Einloggens jedes Mal aufs Neue mit der Person identifiziert, die ihm vorschwebt.

Aus psychologischer Sicht ist also die schreibende Person nicht das Ich des Menschen, sondern sein gewissermaßen „erweitertes Ich", das sich nur durch Idealisierung definiert; auch wenn es so scheinen mag, ist hier nicht das Ich am Werk, das unter dem Eiffelturm ein Foto von sich macht, um es anschließend in ein Erinnerungsalbum einzukleben und in einem Schubfach einzuschließen. Es ist ein dynamisches Ich. Das Internet aber hat es uns möglich gemacht, es als solches zu erkennen – nicht zu erschaffen.

Das „erweiterte Ich" verstärkt den Aufwand, den die Zusammensetzung sowie die darauf folgende ständige Modifikation der neuen Identität erfordert; denn so schlüssig und überzeugend das soziale Profil das Bild der eingeloggten Person auch wiederzugeben mag, so verlangt der wiederholte, wenn auch unbewusste Prozess der Identifizierung dennoch ein permanentes Einfühlen in das eigene virtuelle Selbst. Genau das aber passiert im richtigen Leben nicht, denn wir begreifen es als einen natürlichen und kontinuierlichen Prozess, bei dem der Abruf des uns unbewusst zugänglichen, impliziten Gedächtnisses keine Spuren hinterlässt.

Der modernen Psychologie zufolge ist alles, was uns ausmacht, miteinander verknüpft, unser Unbewusstes arbeitet selbst „im Schatten" des Bewusstseins und verarbeitet fortwährend sämtliche Informationen, die dem Gehirn zur Verfügung stehen, um nach neuen, manchmal unwahrscheinlichen Bedeutungszusammenhängen zu suchen.

Was die Liebe angeht, ist es sinnvoll, beim Begriff der „Metamorphose" zu bleiben, ein, wie Ulrich Beck argumentiert, bedeutungsvoller Begriff: „Die Metamorphose ist kein ‚gesellschaftlicher Wandlungsprozess', keine ‚Transformation', weder Evolution noch Revolution, noch Krise. Sie ist eine Form der Veränderung der Formen menschlichen Daseins. Sie läutet das Zeitalter der Nebenfolgen ein."

Darüber hinaus ist es – wenn auch nur grob – möglich, Transformation mit Logik zu verknüpfen und sie so vorauszusehen, selbst wenn das gelegentlich mit einer gewissen Verzögerung geschieht. Die Metamorphose hingegen bleibt stets unvorhersehbar, denn, wie Franz Kafka lehrt, kennt sie keine Logik.

Zygmunt Bauman hat mich auf den Gedanken gebracht, dass jedes Schaufenster zum Glücklichsein einlädt und dass Glück immer mehr zu einem Konzept wird, das man beim Shoppen billig erwerben kann.

Doch auch das Verliebtsein muss, dem Handel gleich, von Natur aus unvollständig und zeitlich begrenzt bleiben, damit es ständig erneuert werden und den Unternehmen immer höhere Gewinne garantieren kann.

Singles – Vom Markt heißbegehrte Kunden

Ein Beispiel für das produktive Leben von Singles ist eine Untersuchung von *SpeedDate.it* im Zeitraum 2007–2017, einem Portal, das Singles die Möglichkeit bietet, potenzielle Partner zu treffen. In Italien hat die Anzahl der Single-Haushalte um 21 Prozent zugenommen, doch der Trend ist in der globalisierten Welt international. Darüber hinaus konnte man feststellen, dass Singles mehr als doppelt so viel ausgeben wie jemand, der eine Familie hat. Im Tourismussektor verreisen sie um 22 Prozent mehr als Menschen mit Familie; und für Reisende, die nach dem richtigen Partner suchen, ist bis zum Jahr 2026 ein jährliches Wachstum von mindestens neun Prozent vorgesehen.

So scheint das Bedürfnis des modernen Menschen in der ständigen Suche nach einem Objekt zu liegen, das er begehren und konsumieren kann, gleichzeitig aber auch in der permanenten Erfahrung der Unmöglichkeit einer vollkommenen Befriedigung – weshalb wir uns stets „eine Tür offenhalten".

Wir sehnen uns danach, noch am Ende unseres Lebens – von dem wir erwarten, dass es unbedingt und um jeden Preis immer länger dauert – die Möglichkeit eines Neuanfangs zu erblicken, ohne uns zu sehr in die Fänge eines „für immer und ewig" zu verstricken.

Dies gilt auch für Liebesbeziehungen, für emotionale oder gar nur sexuelle Bindungen, bei denen die Begierde an die Stelle des „Objekts" tritt, auf das sie gerichtet ist. Die Gesellschaft verleitet uns dazu, den Gegenstand der Begierde durch das Verlangen nach der Begierde authentisch zu ersetzen. Die ständige Wiederholung des Verlangens ohne Bezugsgegenstand mag in den letzten Jahren das ständige Reiz-Reaktions-Phänomen hervorgebracht haben, das zu einem Denk- und Therapieparadigma der Verhaltenspsychologie wurde; dies impliziert das endlose Warten auf eine nie wirklich vollzogene Impulsentladung, die aber in den üblichen Mustern der Persönlichkeitsbildung gespeichert ist.

In ihrem 1994 erschienenen Buch *Imagologies. Media Philosophy* schreiben Mark C. Taylor und Esa Saarinen: „Die Begierde begehrt keine Befriedigung, im Gegenteil: Die Begierde begehrt Begierde."

Dementsprechend wird Liebe zu etwas Unbestimmbarem: Sie hat kein bekanntes Gesicht mehr, sondern wird immer wieder idealisiert und recycelt, während sie auf einen befriedigenderen Anfang hofft; wer sich jedoch darauf verlässt, bleibt „in der Luft hängen", für immer seiner Wurzeln beraubt. Dieses Bild verwende ich nicht zufällig. Mich hat nämlich beeindruckt, als Papst Franziskus bei einem unserer Treffen den Gedanken äußerte, das Internet lasse junge Menschen „in der Luft" hängen, zunehmend einer entwurzelten Gesellschaft ausgeliefert, die, schlimmer noch, die Fähigkeit verliert, Wurzeln zu schlagen.

Dritter Teil
Eine Gesellschaft, die die Liebe zerstört, zerstört die Demokratie

Der große Traum – Raus aus der Post-Armut!

Das Bedürfnis, sich geliebt zu fühlen, und der Wunsch nach Gemeinschaft – nichts ist so dringend und aktuell, insbesondere für die flüssigen Generationen, die etwa ab den 1980er-Jahren geboren wurden und in der Zeit aufgewachsen sind, die ich „Post-Armut" nenne.

Ich versuche diese Epoche zu definieren: Wir sind Opfer einer Welt, in der alles für jeden erreichbar erscheint. Aber dem ist nicht so. Wir befinden uns in einer Phase, in der sich Armut in erster Linie auf der psychologischen Ebene bewegt: in der Zeit der Post-Armut, der neuen Ära der bewussten psychischen Armut, in der uns unser Mangel täglich und stündlich vor Augen geführt wird. Dabei sind die flüssigen Generationen historisch betrachtet die ersten, die von klein auf ständig neuen Impulsen ausgesetzt sind, die ihnen nicht einmal die Zeit zum Konsum lassen, weil sie eigentlich lauter Anfänge ohne Ziel sind.

Im Zeitalter der Post-Armut aufzuwachsen bedeutet, voller Hoffnungen auf das *Sein* groß zu werden, die sich jedoch in einfache Hoffnungen auf das *Haben* verwandeln. Ein überzeugendes Beispiel, das psychische Armut besonders eindrücklich beschreibt, ist die Bildung: Ein junger Mann studiert Architektur in der Hoffnung, Architekt zu *sein*, wird aber am Ende nur ein Architektendiplom *haben,* weil er in der Arbeitswelt keinen Platz findet und daher nicht wie gewünscht Architekt *sein* kann. Das Gleiche gilt für die meisten gängigen Studiengänge für Normalsterbliche – für diejenigen also, die nicht aus beneidenswerten Familienverhältnissen kommen oder über Bankkonten mit vielen Nullen vor dem Komma verfügen. In der realen Welt stellt der Student also fest: Er hat weniger gelernt, das auszubauen, was er ist, als vielmehr das, was er hat.

Erich Fromm erklärt den Unterschied zwischen *Haben* und *Sein* noch ausführlicher: „In der Existenzweise des Habens gibt es keine lebendige Beziehung zwischen mir und dem, was ich habe. Es und ich sind Dinge geworden, und ich habe *es*, weil ich die Möglichkeit habe, es mir anzueignen. Aber es besteht auch die umgekehrte Beziehung: *Es hat mich*, da mein Identitätsgefühl beziehungsweise meine psychische Gesundheit davon abhängt, es und so viele Dinge wie möglich zu haben. Die Existenzweise des Habens wird nicht durch einen lebendigen, produktiven Prozess zwischen Subjekt und Objekt hergestellt. Sie macht Subjekt und Objekt zu Dingen. Die Beziehung ist tot, nicht lebendig."

Die Post-Armut verwandelt also Menschen in Sammler von Gegenständen und „Ehrentiteln" mit immer geringerem Marktwert; sie ermöglicht es ihnen nicht, tatsächlich zu sein, sondern lässt sie nur „hoffen, eines Tages sein zu können". Auf diese Weise versinken sie in Hoffnungen und Enttäuschungen.

Diese Form von Gewalt führt zu Frustration und zu eben jener psychischen Armut, die vor allem in dem Bewusstsein liegt, nie genug *haben* zu können, um das zu *sein*, wozu man logischerweise berechtigt wäre.

Folglich ist der Hinweis auf einen Hochschulabschluss in vielen Fällen mehr Demütigung als Prahlerei, da man damit äußerst subtil erklärt, was man gerne wäre, doch trotz des erworbenen Titels niemals sein wird. „Was haben Sie studiert?" – „Jura." – „Und wie alt sind Sie?" – „Vierzig." – „Sie wollten also Anwalt werden ... Doch warum haben Sie kein eigenes Büro? Wie kommt es, dass ...?" Da sind viele Fragen möglich, bis wir an einen toten Punkt gelangen, an dem niemand mehr Fragen stellt, denn alle wissen: Das hier wird jeden treffen. Es wird ein ähnlich großes Tabu sein, über die Arbeit zu sprechen oder einfach nur darüber nachzudenken – „Was machst du so im Leben?" –, wie die Frage zu stellen: „Wie möchtest du gerne sterben?"

Mich hat noch nie jemand an der Bar gefragt: „Wie möchtest du gerne sterben?" Stellen Sie sich vor, wie Sie sich fühlen würden, wenn Ihnen bei einem harmlosen Plausch mit einem Unbekannten, einem alltäglichen Gespräch, diese Frage gestellt würde. „Was machst du so im Leben?" hat als Frage ihre Unschuld verloren, denn sie wird auf psychologischer Ebene zunehmend von der Frage verdrängt: „Was bist du im Leben?" Sie wird mit dem gefährlichen Muster der Frustration und der kognitiven Dissonanz konnotiert: Wir werden nicht als das wahrgenommen, was wir gerne wären. Selbst wenn wir besser sind als das, was wir in unserem gegenwärtigen Zustand scheinen, spiegeln wir uns in den Augen anderer nicht als solche wider. Denn es gibt Fragen, die uns unter Druck setzen, einfache Fragen, die naiv daherkommen, harmlose Alltagsthemen. Und genau das ist das Schlimme! Es gibt Menschen, die weniger kompetent sind als wir, weniger attraktiv, weniger verführerisch, die aber Rollen besetzen, die wir selbst gerne hätten. Vor allem aber sind diese Menschen immer und überall sichtbar und zeigen uns so, wie gut sie die Position bekleiden, die wir für die unsere halten.

Wir brauchen neue Wörter und Sätze, um jene, die ihre Unschuld verloren haben, durch etwas Aktuelleres zu ersetzen. Das lange unangetastete Vokabular des leichten Bargeplauders muss auf den neuesten Stand gebracht werden.

Junge Menschen, vom Donner gerührt

Junge Menschen sind das verschwendete Leben der Welt. Es mag gerade für Menschen älterer Generationen absurd und eher unglaubwürdig klingen: Bis vor wenigen Jahren stellte die Jugend eine Hoffnung dar, ein Ideal des Fortschritts, das Sinnvollste, was die Zukunft bringen konnte. Dann wurden diese Menschen akademisch ausgebildet und auf das analytische und formale Denken ausgerichtet; dabei vernachlässigten sie es fast völlig, das Praktisch-Kontextuelle – das heißt das Gelernte in die Praxis umzusetzen – sowie das Ideell-Synthetische – das heißt mit dem Gelernten gleich neue Realitäten zu schaffen – zu nutzen. So lautet die These eines der bedeutendsten Intelligenzforscher, des amerikanischen Psychologen Robert Sternberg. Doch diese Art des Studiums funktionierte und trug auf der Ebene der Vergütung Früchte. Studierende, die ihre Arbeit ernster nahmen, bekamen voraussichtlich im Beruf ein höheres Gehalt. Jahrzehntelang war diese Relation zwischen Studium und Beruf eine Tatsache, Schwierigkeiten kehrte man derweil unter den Teppich. Doch früher oder später muss der Teppich bekanntlich gelüftet werden, und wenn wir heute sehen, was darunter liegt, packt uns das Grauen.

Der Mechanismus ist defekt. In vielen Ländern werden junge Menschen mit Hochschulabschluss zu einem sehr frühen Zeitpunkt „ausgemustert", denn sie steigen zu spät in die Arbeitswelt ein; dann nämlich, wenn die meisten Arbeitsstellen bereits an diejenigen gegangen sind, die ihr Studium vorzeitig abgebrochen und ohne Bezahlung gearbeitet haben in der Hoffnung, sich wenigstens nach einiger Zeit einen Arbeitsvertrag zu verdienen.

In allen Bereichen bleiben heute junge Menschen außen vor; sie sind und werden in den kommenden Generationen vermutlich immer mehr zu Sinnbildern der Diskontinuität werden.

In der Zeit der Post-Armut scheinen Durchschnittsstudierende eine einzige Chance zu haben: sich nämlich vom „Studierenden" zum „Forscher" zu wandeln, und zwar unabhängig vom Willen und Rat irgendwelcher Professoren. Auf diese Weise können sie mit dem, was sie lernen – und zwar nicht nach, sondern während des Studiums –, scheinbar divergierende Kategorien kombinieren und neue Bedeutungszusammenhänge erschaffen, stets mit dem Ziel eines sofortigen Gewinns vor Augen. Wer sich hingegen nur seinem Studium widmet – derjenige, der früher Architekt geworden wäre und nicht nur Inhaber eines entsprechenden Diploms –, ist heute nicht nur anachronistisch, sondern verdammt sich höchstwahrscheinlich selbst zur Arbeitslosigkeit – mit Sicherheit aber dazu, ausgebeutet, verführt, unterbezahlt und betrogen zu werden. Durch seine Art des Studiums steigert er lediglich das Ego seines Professors, der ihn nach seiner Fähigkeit beurteilt, Vorstellungen zu kolportieren, die andere schon bestätigt haben und keiner unmittelbaren – und unmittelbar wiederverwerteten – Problemlösungsqualitäten bedürfen; obwohl die konstante und flexible Kompetenz, die den Profit ankurbelt, genau darin liegt.

Ein „ausgezeichneter Schüler" zu sein, eine Bezeichnung, die mir an der Universität in verschiedenen Professorenkonferenzen – seitens Akademikern, die froh sind, in der unsicheren Epoche der Post-Armut zu leben – zu Ohren kam, ist wohl als das erste Beben zu begreifen. Und dieses kündigt das verheerendere zweite an, eine Zukunft als Arbeitsloser oder als prekär beziehungsweise unterbezahlter Angestellter. Wie Erich Fromm schreibt, gilt „[a]ls hervorragend […] jener Schüler, der am genauesten wiederholen kann, was jeder einzelne Philosoph gesagt hat. Er gleicht einem beschlagenen Museumsführer. Was er nicht lernt, ist das, was über diesen Wissensbesitz hinausgeht. Er lernt nicht die Philosophen in Frage zu stellen, mit ihnen zu reden, gewahr zu werden, dass sie sich selbst widersprechen, dass sie bestimmte Probleme ausklammern und manche Themen meiden. Er lernt nicht unterscheiden zwischen Meinungen, die sich dem Verfasser aufdrängten, weil sie zu seiner Zeit als ‚vernünftig' galten, und dem Neuen, das er beitrug. Er spürt nicht, wann der Autor nur seinen Verstand sprechen lässt und wann Herz und Kopf beteiligt sind, er merkt nicht, ob der Autor authentisch oder ein Schaumschläger ist – und vieles andere."

Viele Universitäten fordern ihre Studierenden auf, nach dem Ende der Musik weiterzutanzen. Der deutliche Unterschied zu der Zeit noch vor einigen Jahren: Die jungen Leute wissen, dass der ihnen versprochene Platz nicht existiert. Und das bedeutet, sie leben bereits jenseits der Hoffnung, das heißt in der Gewissheit, aussortiert zu werden; und sie haben noch keine Möglichkeit gefunden zu überleben. Allein der Frust ist da, wird zur Routine und vermischt sich mit Langeweile.

„Jeden Tag gibt es ein Problem zu lösen, das andere noch nicht gelöst haben, und das, was ich jetzt studiere, kann mir vielleicht dabei helfen, es zu tun", sollte das zeitgenössische Mantra junger Menschen sein, die der flüssigen Generation angehören; dafür reicht es nicht, bereits bestehende Ideen zu studieren. Junge Menschen müssen rastlos, rebellisch, optimistisch, revolutionär sein: Nur „junge Menschen, die vom Donner gerührt" wurden, können die Welt verändern.

„Ziel des Handelns ist nicht mehr die Motivation, die ihm Informationen liefert und es hervorruft, sondern es wird tendenziell rückwirkend am Ende des Geschehens gesucht und gefunden oder eben ausgearbeitet." Mit diesen Worten aus *Leben in der flüchtigen Moderne* versucht Zygmunt Bauman nicht nur die Welt zu erklären, mit der sich junge Menschen auseinandersetzen müssen, sondern er zeigt uns auch einen Weg auf und gibt uns einen Schlüssel, der die Tür zur Zukunft öffnet. Ja, er legt sogar mehrere Schlüssel auf den Tisch, doch stets ohne sich als Lehrmeister aufzuspielen: Der Leser kann frei entscheiden, welche Tür er öffnet und mit welchem Schlüssel er es probiert.

Dem Trecanni-Lexikon zufolge stammt das italienische Wort *povero* (dt. arm) vom lateinischen *pauper* ab, das sich aus *paucus* (it. poco; dt. wenig) und *parere* (it. procacciare, produrre; dt. heranschaffen, erzeugen) zusammensetzt; also können wir dieses Wort übersetzen mit „der, der wenig erzeugt".

Indem dieser Begriff einen mangelhaften Erzeuger beschreibt, trägt er bereits in seiner Grundstruktur ein konsumorientiertes Urteil in sich.

Denselben Begriff würde man heute als „mangelhaften Profiterzeuger" verstehen, das heißt als Erzeuger ohne Konsumgüter.

In unserem Gespräch über die Post-Armut brachte mich Papst Franziskus auf die Frage, ob das heute – wie eine Infektionskrankheit – negativ konnotierte Wort „Armut" in Wirklichkeit nicht eine mögliche Heilung bedeuten könnte. Es ist interessant, in die Gesichter der

Menschen zu schauen, wenn der Begriff „arm“ fällt: In der Tat wird Armut gefürchtet, als wäre sie ein Virus, das sich weltweit ausbreitet. Doch im Gegensatz zur Wut ist Armut nicht ansteckend. Die Wut ist in Wirklichkeit ein ansteckendes Virus.

Papst Franziskus erklärte mir, dass der Schmerz des gekreuzigten, des verworfenen Jesus zum Zeichen seiner Armut geworden sei, zum Gebet des Sohnes Gottes, der sein Leben dem Vater hingegeben habe, um alle zu retten. Im Übrigen betonte der Papst wiederholt die Bedeutung dieser Beobachtung: Wir werden weder Macht noch Geld ins Jenseits mitnehmen, sondern ausschließlich die Liebe, die wir gesät und geerntet haben. Aus diesem Blickwinkel betrachtet bedeutet Armut, uns den Händen der Liebe und des Vaters anzuvertrauen, damit wir frei sind. Dann wird die Armut zur Freiheit von irdischen Bindungen und zum maximalen Ausdruck der Liebe.

Unsere Gesellschaft hat die Armut verändert. Ursprünglich ist Armut ein neutraler, nicht unbedingt negativer Begriff. Sie kann sogar zu einem Ziel werden, möchte man sein Gewissen reinigen. Doch im Zeitalter der Post-Armut wirkt sie beängstigend und vor allem gefährlich, weil sie uns anstecken kann. Wir haben also das Bedeutungsspektrum der Armut auf das Elend reduziert und eine richtige „Miserophobie“ entwickelt.

Der konsumierende Bürger, der als guter Konsument gilt, ist stolz auf seine „Miserophobie“. Denn sie vermittelt ihm so sehr den Eindruck, im Zentrum der Welt und damit des Marktes zu stehen, dass er sich dazu berechtigt fühlt, die „Verschiebung“ der armen Obdachlosen in Sammelzentren zu fordern, damit sie nicht das Straßenbild trüben. Wo sie landen, spielt dabei keine Rolle, Hauptsache, man muss sie nicht sehen oder riechen.

Im Jahr 2013 beschrieb General Electric, ein US-amerikanischer multinationaler Konzern, der im Bereich der Technologie tätig ist und laut der Zeitschrift *Fortune* nach Umsatz zu den 30 größten Unternehmen der Welt gehört, die Betriebsbedingungen sowie die besondere Funktion der Aufhängung für ein Triebwerk und schrieb im Internet ein Wettbewerb aus: „Es gibt eine große Belohnung für jeden, der es schafft, eine leichtere Aufhängung zu bauen, die sich im 3D-Drucker fertigen lässt."

Der Gewinner war kein Ingenieur, sondern Àrmin Fendrik, ein ungarischer Student im dritten Studienjahr, der kurz zuvor bei einer Prüfung für Strukturanalyse durchgefallen war. Folglich verließ der zum Forscher gewordene Fendrik sein Dasein in der Post-Armut mit dem maximalen Gewinn.

Unsere Zeit stellt als Bedingung für ein gewinnbringendes Leben an die Angehörigen der flüssigen Generation eine einzige Anforderung: Sie müssen Flexibilitätsexperten sein. Doch Arbeitsflexibilität steht in krassem Gegensatz zu der Art und Weise, wie junge Menschen lernen und kulturell ausgebildet werden, denn sie setzt ein hohes Maß an Eigenverantwortung voraus, das in vielen Schulen definitiv nicht gelehrt, geschweige denn gefördert wird.

Es gibt keine Arbeitslosigkeit, nur überschüssige Arbeitskraft

In meinen Gesprächen mit Papst Franziskus wurde mir mehrmals die Wichtigkeit von Worten, insbesondere von Nomina bewusst. Im Übrigen, so meint La Rochefoucauld, würde sich kein Mensch verlieben, der noch nie von Liebe gehört hat.

Der Papst erklärte mir, wie er beim Schreiben seiner Reden oder beim Versenden eines einfachen Briefes versucht, weniger Adjektive zu benutzen. Er mache dies, weil viele Nomina – wenn wir nicht nur auf ihren bloßen Klang hörten, sobald sie unseren Mund verlassen –, bereits große Kraft besitzen, eine reiche und überzeugende Bedeutung, die nicht auf ein Adjektiv angewiesen sei.

Um mir, wie er es gerne tut, an einem konkreten Beispiel zu demonstrieren, weshalb es wichtig sei, die Bedeutung von Nomina gründlich zu überdenken, erklärte mir der Papst: „Wie heißt ein Mann, der seine Eltern verliert? Waise. Ein Ehemann, der seine Frau verliert? Witwer. Und wie heißt ein Vater, der seinen Sohn verliert? Darauf gibt es keine Antwort. Kein Wort kann dies beschreiben."

Tatsächlich haben wir es hier mit einer wichtigen Leerstelle in unserem Vokabular zu tun: Wie kann es keinen Begriff geben, um einen Menschen zu beschreiben, der ein so großes Drama erlebt?

Die Gefahr eines nachlässigen Umgangs mit Adjektiven kann dazu führen, dass wir die Kraft der Nomina als Säulen unserer Sprache und damit unseres gegenseitigen Verbundenseins unterbewerten.

So gesehen ist es wahrscheinlich nicht mehr zeitgemäß, von „arbeitslos“ zu sprechen – was im Italienischen wie das Wort „Waise“ sowohl ein Substantiv als auch ein Adjektiv sein kann. Denn das Suffix -los ist nur die Möglichkeit, eine Ausnahme von der Regel anzuzeigen, und bezieht sich auf einen vorläufigen Status; hingegen ist „Arbeit“ das bedeutungsvolle Wort, das ein klares, gängiges und nachvollziehbares Bild erzeugt.

Das erinnert mich ein wenig an den Tag, als mich ein pfiffiger Mitschüler in der Grundschule fragte: „Wetten wir, dass ich dich zwingen kann, an etwas zu denken, an das du nicht denken möchtest? Ich werde deinen Verstand manipulieren!“ Ich nahm die Herausforderung an in der festen Überzeugung, dass ihm dies nicht gelingen würde, und er rief mir zu: „Denk an einen Elefanten!“ Die ersten Worte, die mir über die Lippen kamen, waren: „Wie hast du das gemacht? Ich habe an einen Elefanten gedacht!“

Unsere mentalen Muster sind stärker als unser Bewusstsein, dagegen sind wir machtlos. Es ist, als würde ich jetzt schreiben: „Denken Sie nicht, dass es spät ist, denken Sie nicht, dass Sie, statt dieses Buch zu lesen, so viel anderes zu tun haben.“ An diesem Punkt angelangt haben Sie bereits begonnen, unbewusst über alles nachzudenken, was Sie gerade nicht tun, statt an den kostbaren Genuss, den Ihnen dieser Augenblick bescheren könnte.

Ebenso verhält es sich mit dem Begriff „arbeitslos“. An Arbeitslose zu denken heißt, an Beschäftigung beziehungsweise an Arbeit zu denken. Und an Arbeit zu denken bedeutet vor allem, wie Joseph Conrad sagen würde, an die Möglichkeit zu denken, „sich selbst zu finden".

Das ist vermutlich der Grund, weshalb es keine Arbeitslosen mehr, sondern nur noch Überflüssige gibt: Menschen, die keine Berührungspunkte mehr mit Beschäftigung und Wiedereingliederung in die Arbeitswelt haben und sich Beschäftigten nur mittels der neuartigen unbefristeten Arbeitsverträge anschließen können, die nichts anderes sind als flexible, leicht zerreißbare Verträge, die vor allem den alten projektbezogenen Verträgen gleichen. Dabei ist diese Halbbeschäftigung nur eine vorübergehende Unterordnung unter die Erwerbstätigen.

Tatsächlich ist „Unterordnung" ein weiteres flüssig-modernes Stichwort: Denn man kann durchaus ein zeitweise überflüssiger – an Beschäftigte angelehnter – Arbeitnehmer sein und dennoch als Untergebener wahrgenommen werden. Denn man wird vermutlich nicht genug Zeit haben, seine neuen Aufgaben erfüllen zu lernen, und man weiß, dass man wie seine Vorgänger gehen wird, bevor man sich eingewöhnt und gelernt hat, es besser als sie zu machen.

Prekarisierung ist eine weitere wichtige Form der Unterordnung, die laut dem Philosophen Pierre Bourdieu durch die bewusste Strategie der Manager erfolgt, die Arbeitssituation ihrer Untergebenen unsicherer und damit anfechtbarer, also auch vorhersehbarer und kontrollierbarer zu machen.

Wie Zygmunt Bauman in *Verworfenes Leben* schreibt, mögen „in der *Gesellschaft der Produzierenden* [...] die Arbeitslosen arme Schlucker gewesen sein, doch ihr Platz in der Gesellschaft war sicher und unbestritten. [...] Früher genügte es, ein potenziell Produzierender zu sein, um die Voraussetzungen für die Aufnahme in die Produktionsgesellschaft zu erfüllen. Um hingegen in die Gesellschaft der Verbraucher aufgenommen zu werden, reicht das Versprechen, ein gewissenhafter Konsument zu sein und sich zu diesem Status zu bekennen, nicht aus. In der Konsumgesellschaft ist kein Platz für mangelhafte, unvollständige und unbefriedigte Verbraucher."

Mit der „Gesellschaft der Produzierenden" bezieht sich Bauman auf die Ära der sogenannten „stabilen Moderne" vor etwa hundert Jahren, als die Gesellschaft als ein Reich von Produzenten und nicht von Konsumenten galt und sich um fünf wichtige Säulen herum konstituierte. Diese waren die fordistische Produktionsweise, die die Standardisierung auf Kosten der Spontaneität förderte; die Bürokratie, die dazu führte, dass Klienten unpersönlich betrachtet werden; die Machtausübung nach dem Modell von Jeremy Benthams Panoptikum – wo die Führungskräfte über die Zeit herrschten, sich frei bewegen und so die Untergebenen stets überwachen konnten, während letztere zur Bewegungslosigkeit im Raum verurteilt waren; der stets wachsame Big Brother, der in der Lage ist, Gläubige und Ungläubige zu belohnen; das Vorhandensein einer totalitären Tendenz, die ein autokratischer und zentralistischer Staat durchsetzen kann. (Zur Vertiefung dieses Themas empfehle ich den unverzichtbaren Beitrag von Zygmunt Bauman in *Leben in der flüchtigen Moderne.*)

Von jungen Leuten zu sprechen, bedeutet nicht, von den Arbeitslosen, sondern von den Überflüssigen zu sprechen; von Generationen, die ständig getäuscht, angeklagt und nur schwer zu verstehen sind und über ihr Schicksal infolgedessen nicht selbst bestimmen können.

Ich erinnere mich, als wäre es gestern gewesen – auch wenn es schon einige Jahre her ist –, an einen bekannter Vertreter des italienischen Establishments, der eines Tages abfällig zu mir sagte: „Leoncini, Sie verfassen Lügen. Es stimmt nicht, dass junge Menschen eine Krise durchmachen, begreifen Sie es ein für alle Mal, das sind alles Falschmeldungen. Wenn sie wirklich in einer Krise wären, würden sie auf die Straße gehen und Bankmanager verprügeln. Junge Italiener leben zum Beispiel gut dank des Geldes ihrer Großeltern, und sie sind damit zufrieden."

Für gewöhnlich betrachten wir junge Menschen als etwas „Ewiges"; sie werden nie erwachsen und bleiben so stets in der Minderheit. Was geht es uns also an, was sie tun? Junge Menschen sind ein Volk in Bewegung, stets auf dem Weg zum Erwachsenwerden.

Ebenso neigen wir zu einfachen Verallgemeinerungen, die nicht die Realität widerspiegeln, sondern nur den Teil der Wirklichkeit, den wir sehen; dieser redselige Vertreter des Establishments beschrieb wahrscheinlich seine eigenen Kinder und deren Freunde sowie die Kinder seiner Kollegen und deren Verwandten: Kurzum, er redete von den jungen Menschen, von denen in den Salongesprächen der Elite geredet wird und die daher nicht die Gesamtheit junger Menschen, sondern nur eine Minderheit widerspiegeln. Es gibt auch Soziologen, Psychologen und Intellektuelle, die typische Phänomene des Establishments als Mehrheitsphänomene beschreiben, und zwar nicht, weil sie nicht ausreichend geforscht haben; im Gegenteil, sie haben vermutlich so viel geforscht, dass sie schließlich den Sinn für die Realität verloren haben und inzwischen so stark von ihrer neuen Identität als Bildungsbürger beeinflusst sind, dass sie sich nur dann für glaubwürdig halten, wenn sie ausschließlich bei Bildungsbürgern ankommen. Es mag wie ein Vorurteil wirken, und vielleicht ist es auch eins; ich jedenfalls lese ich lieber Autoren ohne bereits anerkannte und etablierte Herkunft. Oder wie Papst Franziskus es ausdrückt: „Die Wahrheit liegt in der Peripherie."

Die Aussage weiter oben folgt übrigens einem offensichtlichen Muster: Wer sie getätigt hat, hält junge Leute für Idioten, für verhaltensauffällige Marionetten, die jeden empfangenen Reiz mit einer spezifischen Reaktion beantworten. Welcher junge Mensch würde auf die Straße gehen, um einen Bankmanager zu verprügeln, wohl wissend, dass er dadurch mit einem Vorstrafenregister durchs Leben geht oder gar im Gefängnis landet?

Antonio Gramsci schreibt 1917: „Menschen sind dann zum Handeln bereit, wenn sie davon überzeugt sind, dass sie über alle Einzelheiten Bescheid wissen und ihnen keine Illusion mehr bleibt, weder eine bewusste noch eine unbewusste. Denn wenn sie sich opfern müssen, so müssen sie zuerst wissen, dass das Opfer notwendig sein kann. Hatte man behauptet, die Maßnahme werde zum Erfolg führen, so war dies nach der genauen Berechnung der Erfolgs- beziehungsweise Misserfolgswahrscheinlichkeiten geschehen, wobei die Wahrscheinlichkeit eines Erfolgs überwogen hatte; hatte man einen Misserfolg verkündet, so war der gemeinsamen ehrlichen Kritik – frei von voreiligen Überlegungen und moralischem Druck – die Wahrscheinlichkeit des Scheiterns als mächtiger erschienen."

Die Gemeinschaft und das Gefühl, geliebt zu werden – Alles Einbildung (von „Wenn du willst, kannst du“ zu „Wenn du kannst, willst du“)

Es ist heute einfacher, sich vorzumachen, Teil einer Gemeinschaft zu sein, als zu Beginn der 2000er-Jahre, und zwar deshalb, weil es immer mehr Verbindungen gibt, die aber viel zu unterschiedliche Wurzeln zusammenführen, die vielleicht nur aufgrund der Farbe der Ursprungspflanze für ähnlich gehalten werden, aus der sie ausgerissen wurden. Dabei ist die Farbe das denkbar dürftigste Erkennungsmerkmal überhaupt. Im Vergleich mit der Vergangenheit verbindet das Internet immer mehr voneinander weit entfernte Individuen; wobei mit den zunehmenden Verbindungen auch das Maß der Unterschiedlichkeit wächst.

Daher – und dies gilt insbesondere für die Jüngsten unter uns – ist Gemeinschaft immer mehr eine Illusion. Junge Menschen brauchen dringend ein Lebensmuster, das noch nicht erfunden wurde; das wäre sicherlich – wie Antonio Gramsci betonte – etwas noch nicht Dagewesenes, denn die alten Lebensweisen und Gemeinschaften haben versagt.

Unsere Kultur beraubt heute die entwurzelten jungen Menschen der Liebe, lässt ihnen jedoch das Bedürfnis zu lieben und vor allem geliebt zu werden. Sie verwandelt sie in potentielle Objekte des Konsums und der Gesetze des Marktes und zwingt sie – damit sie weiter in dem Glauben leben können, noch nicht verworfen worden zu sein –, sich so weit wie möglich dem Konsum und den von der Flüchtigkeit auferlegten Regeln anzupassen, denen sie unterworfen sind. Eine Nichtanpassung würde einer Selbstverwerfung gleichkommen und ein Leben in einem dauerhaften, nicht enden wollenden „psychologischen Exil" nach sich ziehen, fernab jeder Hoffnung auf Zugehörigkeit zu einer Gemeinschaft.

Das „psychologische Exil" ist ein Gefühl, das zu dem alles beherrschenden Gedanken führt: „Ich fühle mich fremd, ich fühle mich in meinem eigenen Zuhause heimatlos". Heute sind wir gewissenaßen alle psychologische Migranten.

Der polnische Dichter Czesław Miłosz schrieb: „Exil bedeutet nicht einfach Grenzüberschreitung: Das Exil wächst und reift im Exilierten, verwandelt ihn und wird zu seiner Bestimmung." Und dennoch, so meint Bauman in *Leben in der flüchtigen Moderne,* sei nicht all das finstere und bedrückende Leid, das von der Einsamkeit und der Entfremdung herrührt, schädlich. Denn der Verlust der angenehmen und harmonischen Einbindung im Raum sowie die Unmöglichkeit, sich darin zu Hause zu fühlen, ermöglichen es dem psychologischen Exilanten, den gegenwärtigen Zustand der Welt vollumfänglich zu erfahren, während viele andere nur an der Oberfläche ihres unbewussten Exils vor sich hindümpeln, von Unzufriedenheit und Depression verschlungen, ohne den Grund für ihr Unwohlsein in seinem ganzen Ausmaß zu begreifen.

Dazu Miłosz: „Das Exil ist ein Beweis für die Freiheit, und diese Freiheit macht Angst. Exil zerstört: Doch wenn man der Zerstörung widersteht, wird man aus der Prüfung gestärkt hervorgehen."

Die Angst vor dem psychologischen Exil ist stark. Vor allem junge Menschen fühlen sich gezwungen, immer wieder ihre enorme Kaufkraft, ihr Vermögen, auf dem Laufenden zu bleiben, kurzum ihre Fähigkeit, statt sich selbst etwas außerhalb ihrer zu verwerfen, zur Schau zu stellen, wollen sie nicht selbst von der Gesellschaft verworfen werden. Da dieses Verhalten unbedingt notwendig ist, damit sie sich über Wasser halten können, verdient es keine Kritik von vornherein.

Angesichts dieser Notlage erscheint das mangelnde Interesse der Politik an jungen Menschen besorgniserregend; es scheint, niemand wolle sie wirklich befreien, ganz im Gegenteil: In immer mehr Ländern nutzt die Politik den Schmerz und die Frustration dieser flüssigen Generation und instrumentalisiert sie lediglich für ihre Wahlzwecke.

Niemand glaubt mehr an die Versprechen der Politiker, nicht zuletzt weil uns allen bewusst ist, dass sich die Gesellschaft nicht allein dank einer einzigen Person ändern kann, die einen einzigen Staat regiert; wobei sich fast jeder politische Gedanke ohnehin auf eine Reihe von Überlegungen reduziert wie: „Welche Steuererhöhungen gäbe es, wenn sie die Wahlen gewinnen?"; „Wie viele Arbeitsplätze würden verloren gehen, wenn sie regierten?"; „Wie sicher ist es, für diesen Kandidaten zu stimmen?".

Unsere Vorstellung von der Realität wird immer negativer, während sich unsere Zukunftserwartungen diesem Bild tagtäglich weiter anpassen.

Es ist, als würde sich die Realität immer mehr von uns lösen; und wir sehen mit der Zeit, dass die Welt nur in unserer individuellen Vorstellung existiert. Es gibt die Weltanschauungen, die jeder von uns hat, und diese finden häufig einen Weg, zu interagieren und Ideologien zu schaffen, gemeinsame Lesarten, Möglichkeiten, uns davon zu überzeugen, dass wir zu einem Ganzen gehören – auch wenn dieses in Wirklichkeit unbefestigt, beweglich, schwankend und durch das Wort „Welt“ nicht darstellbar ist. Tatsächlich ist die Notwendigkeit, sich mit solchen Begriffen auseinanderzusetzen, ein Beweis für die existenzielle Zerbrechlichkeit des Menschen. Die Welt ist ein Mythos, und als solcher muss sie sich in Deutungen und Zeugnissen widerspiegeln, ohne die sie nicht existieren könnte.

Die tägliche Erwartungshaltung an jeden von uns wächst ständig dank Geboten wie: „Wenn du es kannst, musst du es tun“, „Wenn du einen Menschen lieben kannst, musst du ihn lieben“, „Wenn du glücklich sein kannst, musst du jetzt glücklich sein“, „Wenn du schön sein kannst, musst du jetzt schön sein“. Kurzum: Wir haben den berühmten Satz „Wenn du willst, kannst du“ durch den moderneren, wenn auch für viele noch unbewussten Satz „Wenn du kannst, willst du“ erfolgreich ersetzt. Wir entwickeln geistig unser Selbstbild immer mehr auf einer Grundlage, die sich von der ursprünglichen Bedeutung des Begriffs „Welt“ zunehmend löst.

Beharrlich macht sich ein dramatisches Bewusstsein breit: Die Hoffnung auf eine bessere Zukunft gründet ausschließlich im Individualismus und in der persönlichen Flexibilität, niemand glaubt mehr an die Möglichkeit einer gemeinschaftlichen Lösung. „Vielleicht gibt es die Lösung für *mich*, ich muss zusehen, dass ich sie bald finde, für *uns* gibt es sie nicht“, so lautet der immer wiederkehrende Gedanke.

Die Masse, insbesondere die Jugend, kann sich darauf einigen, sich zum Zwecke eines gemeinsamen Protests einen Platz zu teilen, vorausgesetzt, jeder kann sich anschließend mit einem zusätzlichen guten Recht auf Privatheit in seine eigenen vier Wände zurückziehen.

Die Politik als letzte Gemeinschaft in der Welt

Vielleicht können die Politiker als Einzige weiterhin an ein aufrichtiges Gemeinschaftsgefühl appellieren, denn sie sind in jeder Hinsicht Mitglieder einer starken, florierenden, wenn auch im Vergleich zur Vergangenheit umgearbeiteten Gemeinschaft: Sie bleibt eine Gemeinschaft – da sind sich alle einig –, der man beitreten sollte. Sie ähnelt einem fliegenden Raumschiff, dessen geschlossene Besatzung sich von den letzten Radargeräten des Planeten Erde entfernt, während sie gleichzeitig lautstark verspricht, baldmöglichst zurückzukehren, um die Probleme der Menschheit zu lösen. So kommen wir nicht umhin zu beobachten, wie sich die Politik immer mehr als eine eigenständige Gemeinschaft gebart.

Der Eintritt in die große und – untereinander und kaum öffentlich – liebevolle Politikergemeinschaft bedeutet den Zugang zu einem der größten aktuellen Paradoxe: Denn tatsächlich hat auch die Politik dieselbe spektakuläre Metamorphose des Internets durchlaufen. Politik, geboren, um den Problemen von Staaten und Städten gegenüberzutreten und sie durch Konsens zu lösen, zeichnete sich durch eine zentrifugale Stärke aus, die von innen nach außen wirkte. Ein Politiker nutzte seine Macht, um Gesetze zu erlassen, die den Bürgern – und ihm selbst als Bürger – zugutekamen.

Die Veränderungen, die ein Großteil der Weltpolitik in den letzten Jahren durchgemacht haben, führten stattdessen dazu, dass Bürgerinnen und Bürger Gesetze und Vorschläge fördern, die der Politik selbst nutzen: Es erübrigt sich zu erwähnen, wie stark die Steuern in den Ländern der Eurozone gestiegen sind. Die Politik profitiert dabei von der Zentripetalkraft, die mit den Bemühungen von Bürgerinnen und Bürgern von außen das Innere der politischen Gemeinschaft selbst bereichert.

So wie das Internet wurde auch die Politik als privilegierter Ausdruck der Demokratie geboren, als Mittel und Zweck zugleich, um Demokratie und Bürgerrechte zu garantieren. Doch sie hat sich in eine wunderbare Isolation verwandelt, in eine Festung, die Sicherheit gewährt, oder schlimmer noch: in ein Ideal, das als Privatrecht der eigenen Mitglieder verteidigt werden kann.

Denken wir zurück an die sozialen Netzwerke, wo wir in unseren persönlichen Profilen eher einen Hauch von Totalitarismus als von Demokratie erleben: Denn hier können Nutzer geblockt oder „Freundschaftsanfragen“ abgelehnt werden, allein aufgrund der Tatsache, dass man die Betroffenen nicht persönlich kennt. Erlauben Sie mir die provozierende Aussage: Politik ist ein großartiges soziales Netzwerk, das beschlossen hat, sich von der Realität abzukapseln, und das ist nicht nur ein lokales, sondern vor allem ein globales Phänomen. Als Bürger besitzen wir keinen Zugangsschlüssel für dieses soziale Netzwerk, das die Politik ist, doch wir verfügen über eine leistungsstarke Suchmaschine, die uns alles sehen lässt, was in der Politik geschieht.

Dieses Gemeinschaftsideal bleibt mit Sicherheit nicht unbemerkt, vor allem nicht von stark vernetzten und, sei es durch echte oder gefälschte Nachrichten, gut unterrichteten Bürgern.

Junge Menschen sehen in der Politik schlechte Eltern, die sich überhaupt nicht für ihre Kinder interessieren. Politik ist die Geschichte einer verratenen Liebe; mit diesem Wissen sind die Vertreter der flüssigen Generation aufgewachsen, denn sie haben gesehen, wie ihre eigenen Eltern und ihre älteren Geschwister verraten wurden. Die Politik hält junge Menschen – außer in ihren Sehnsüchten – nicht am Leben; sie garantiert ihnen keine Gegenwart und erst recht keine Zukunft. Wenn sie jedoch ihre Zustimmung braucht, beachtet sie sie wieder, im Durchschnitt alle vier Jahre einen Monat lang. An diesen Verrat haben sich viele gewöhnt, und da der zerebrale Neocortex stets flexibel ist, gelingt es ihm, quasi unendlich viele mentale Muster zu erlernen. Sobald sich diese in Gedanken und dann in Verhaltensweisen niedergeschlagen haben, können sie in den Alltag übergehen und Teil von ihm werden, so wie es im Laufe der Menschheitsgeschichte schon vielfältige psychische Veranlagungen getan haben. In diesem Fall gewöhnt uns die Politik an die Tradition des Verrats. Wie Tolstoi in seinem berühmten Roman *Anna Karenina* schreibt, gibt es „keinerlei Lebensumstände, an die sich der Mensch nicht gewöhnen könnte, erst recht, wenn er sieht, dass alle um ihn das gleiche Leben führen".

So wie Politik teilweise betrieben wird, gefährdet sie unsere Fähigkeit, den Nächsten zu lieben und uns von Hass zu befreien; sie fördert negative Gefühle bei den Bürgern, vor allem aber bei jungen Menschen, die mehrheitlich keine Arbeit haben oder keine Strategie erlernen konnten, eine zu finden; sie haben vielleicht tatsächlich sogar das Gegenteil gelernt, sodass sie schließlich enttäuscht werden. Damit die Politik ihren Wert wiedererlangt, müsste man sie genauso zur Rechenschaft ziehen, wie man es bei den Bürgern tut.

Junge Menschen lassen sich animieren, wenn sie eine Belohnung erhalten, wobei die wichtigste immaterielle Belohnung im Identifizierungsprozess liegt: Identifikation lohnt sich. Sich mit dem anderen zu identifizieren, hat eine äußerst starke Wirkung auf Menschen: Identifikation hebt die Distanz auf, entwickelt Empathie, bekämpft die Einsamkeit des globalen Menschen, betäubt die Angst vor Einsamkeit und Vielfalt und kann sogar den Gedanken an den Tod zerstreuen.

Jugendliche werden zunehmend vom Extremismus angezogen, weil ihnen bestimmte Politiker einreden, sie seien aus kultureller und territorialer Sicht sowie in Bezug auf ihre persönliche Sicherheit bedroht. Wie Richard Sennett feststellt, wächst in einer Zeit, in der „die ständigen Veränderungen unterworfenen Wirtschaftsbetriebe immer weniger an einen bestimmten Standort geknüpft sind, [...] allmählich die emotionale Beteiligung von Einzelpersonen gegenüber geografischen Orten wie Nationen, Städte und Gemeinden."

Diese Asynchronizität führt häufig zur Idealisierung des Ortes, an dem man lebt.

Jetzt scheint die Zeit reif, dass aggressive Thesen – die sich vor allem gegen Ausländer richten – weltweit Fuß fassen und populär werden. Möchte man das Phänomen genau analysieren, so sollte man meiner Meinung nach insbesondere die jungen Menschen aus den sozial schlechter gestellten Schichten oder am Rand der Gesellschaft im Blick behalten, die schließlich den Großteil der Bevölkerung ausmachen und auch die politischen Wahlen entscheiden; viele Medienakteure vergessen nämlich, dass nicht die jungen „Aristokraten" über die Geschicke eines Landes entscheiden, sondern vor allem die „Entwurzelten", die moralisch Verwaisten, deren Zahl überproportional steigt. Es ist, als benutzte die Politik Ausländer, die „Unberechenbaren“, als eine „Massenablenkungswaffe“, um nicht nur den territorialen Besitzanspruch anzustacheln, sondern auch, um mit der Urangst vor dem Tod zu spielen und die Angst um die persönliche Sicherheit zu schüren. Denn, wie Zygmunt Bauman in *Fließende Angst* schreibt, biete sich die Angst vor dem Tod als natürliche, unbegrenzt verfügbare und vollständig erneuerbare Ressource der Manipulation und des Profits an.

Will man jemandem vorwerfen, in einem bestimmten sozialen Umfeld für Unsicherheit zu sorgen, dann sind die Einwanderer die perfekten Kandidaten dazu. In *Verworfenes Leben* schreibt Bauman: „Man könnte gut und gerne behaupten, wenn keine Einwanderer an die Türen klopften, müssten wir sie erfinden.“ Und er fügt hinzu: „Sie sind der Außenposten des ‚großen Unbekannten‘, der Macht; jeder weiß, dass es sie gibt, doch keiner kennt ihre wahre Identität. Migranten sind unverzichtbar, will man heute die Politik vorantreiben, und sie bieten gewisse Vorteile im Kampf gegen unbekannte Übel wie den Terrorismus oder die Politik, denn sie sind in unserer Nähe – wir sehen sie, und sie schauen uns an. Migranten sind das Paradebeispiel für den Sündenbock. Wir können mit ihnen machen, was wir mit Politikern und Bänkern nicht tun können.“

Migranten sind das Mittel, mit dem ein Staat auf seine eigene Bedeutung aufmerksam macht: Er kann seine Stärke gegen sie wenden und den Menschen so vorgaukeln, dass er immer noch Macht hat. Gegen Migranten vorzugehen, bietet, wie Bauman immer wieder betonte, Zugang zu einem internationalen Resonanzboden.

Der Flüchtling ist stets ein Bote, ein Unglücksbote. Wir sind Völker von Opfern, die gegeneinander kämpfen. Und wenn das passiert, können die Anstifter ruhig schlafen: solange Opfer gegen Opfer kämpfen.

Die Liebe zur Vergangenheit – Reine Illusion

Der Wahlkampf klingt Jahr für Jahr und in fast allen Ländern der Welt immer apokalyptischer und beeinflusst massiv den Alltag der Menschen: In den sozialen Netzwerken, die ausschlaggebend für die Einschätzung der Wirklichkeit sind, weil sie in der Regel für den Durchschnittsmenschen stehen, wird immer mehr zum Hass aufgehetzt. Fast überall werden zwei deutliche Pole deutlich: einerseits der Hass auf diejenigen, die Ausländer verteidigen, andererseits der Hass auf die politische Klasse, die die Ankunft so vieler „Eindringlinge“ ermöglicht hat.

Auf jeden Fall entwickeln sich der Migrant und allgemeiner der Ausländer zum Kleister zwischen der schlechten Politik und dem, was viele als „Moralismus“ bezeichnen. „Der schlimmste Politiker ist der, der uns an Ausländer verkauft“, ist eine Einstellung in der Debatte, „Wer Migranten verteidigt, verteidigt die Moral“, die andere.

In einem unglaublichen Tempo gelang es der Politik, das Anderssein und damit den ungebetenen, armen, in diesem Fall von der Gestalt des Migranten verkörperten Gast ans Kreuz zu schlagen; doch dies ist nur eine momentane Konkretisierung der Kategorie des Andersartigen, die aktuellste nämlich, die hinter der Berechtigung stehen wird – und jetzt schon steht –, aus dem Anspruch auf eine geschlossene, unzugängliche Gemeinschaft heraus jedes Anderssein zu bekämpfen.

Die Bürger sind durstig, jedoch nicht nach Wasser oder Getränken, sondern nach dem Durst selbst, also nach einem abstrakten Begriff, den man nicht „kaufen" oder gar genau bestimmen kann.

Dieser Durst, der sein Ziel verloren hat, ist der schlimmste überhaupt, denn er lässt sich nicht stillen.

Folglich richtet er sich in die Vergangenheit, auf die unsere Erinnerung ein flüchtiges Glücksgefühl projiziert; und die Vergangenheit wird so zum mythischen Ort eines idealisierten Gemeinschaftsgefühls, das als etwas in Erinnerung bleibt, das „trotz allem gut" war. Die Gewissheit, dass es nie wieder zurückkehrt, bildet dabei eine hervorragende Garantie, die uns scheinbar dazu berechtigt, Nostalgie, Freude und Utopie ungehindert zu vermengen, denn was vergangen ist, lässt sich nicht mehr ändern.

Die Vergangenheit wird als befriedigend empfunden, weil wir sie „kennen": Die Vergangenheit steht fest, die Gegenwart ist flüssig, und die Zukunft könnte sich als flüchtig erweisen.

Die Vergangenheit vermittelt uns ein Gefühl der Sicherheit, weil wir wissen, dass sich, in unserer klar definierten Erinnerung, kein fremder Einfluss in unser Gemeinschaftsgefühl einschleichen kann. Vor allem aber erschafft die Vergangenheit nicht den Menschen, sondern zeichnet ihn in den Augen anderer aus. Sie zu idealisieren, ist ein unvermeidlicher menschlicher Winkelzug, der uns die Chance gibt, uns von unseren Mitmenschen und folglich von uns selbst geschätzt und geliebt zu fühlen.

Tatsächlich idealisieren sich die meisten von uns im Blick auf die Vergangenheit als starke Individuen inmitten einer genau bestimmten Gemeinschaft, auch wenn diese aus nur wenigen Personen bestand. An seine eigene Vergangenheit zu denken, tut uns gut, denn es ist der Gedanke an ein Ich, das es bis in die Gegenwart geschafft hat.

Doch es gibt, wie Thomas Hobbes im *Leviathan* schreibt, noch einen viel oberflächlicheren Aspekt: „Streben mehrere zugleich nach Lob, so entsteht daraus die Verehrung der Vorzeit; denn Lebende finden nicht unter den Gestorbenen, sondern nur unter denen, die mit ihnen leben, Mitbewerber […].“

Die Vergangenheit entspannt uns, weil sie das Fremde ausschließt, und damit meine ich alles Unvorhersehbare, Unerwartete und Unerwünschte. Die Vergangenheit ist uns vertraut.

Könnte man die Liebe zur Vergangenheit gewaltsam herbeiführen, würden viele den Wunsch nach einer nationalen Gemeinschaft verspüren.

Wenn wir darauf achten, werden wir feststellen, dass wir tatsächlich viel Zeit damit verbringen, an unsere Vergangenheit zu denken: Hat man wie ich eine melancholische Ader, kann die Beschäftigung mit der Vergangenheit beruhigend und reinigend wirken. Denn es kann äußerst entspannend sein, bereits geschehene Dinge zu betrachten, in die wir uns nicht mehr einmischen müssen. Das Gefühl, nicht länger dem freien Willen unterworfen zu sein, verschafft gelegentlich eine heilsame Linderung. Denn die Zukunft erscheint dann am unsichersten, wenn wir meinen, die Macht über unser Leben zu haben, und vergessen, dass wir nur Menschen sind und uns als solche in einem ständigen Entwicklungsprozess befinden.

Im Übrigen ist der vergangene Schmerz nur ein halber Schmerz; mit der verflossenen Zeit verdünnt, wird das verbleibende Gefühl süßer. Ich denke oft an meine Kindheit zurück: Dann meine ich, vergangene Düfte wahrzunehmen,

Schatten dieser Zeit zu erkennen, und das ist ausgesprochen entspannend. Ich war kein besonders glückliches und unbeschwertes Kind, dennoch ist meine Kindheit das Eldorado, das ich wiederentdecken möchte; ich möchte mich gerne wieder als Kind sehen, um wahre Unbeschwertheit, wahre Unreife, wahre Reinheit und wahren Wahnsinn zu erfahren.

Ich möchte wieder Grenzen übersehen oder sie für flüchtig und wandelbar halten.

Die Vergangenheit ist stets eine spontane, nie ganz realistische Nachbildung unseres Gehirns. Ihr liegt diese unermessliche Kraft inne, unsere Seele zu besänftigen. Die Zukunft überwältigt sie wie eine Flut. Und niemand weiß in flüssigen Zeiten, wo er sein wird, wenn die Flut zurückgeht.

Gemeinschaft ist das idealisierte Eldorado; Nationalismus die Täuschung, die uns verführt, das Licht, das uns in tiefste Dunkelheit führt, und so unseren Weltschmerz rechtfertigt.

Die Bürokratie ist der Hass des Staates auf uns

Manche Begriffe, die unsere Gegenwart beschreiben, haben das Gewicht von Felsbrocken. Einer davon heißt „Bürokratie". In seinem Buch *Freedom Song* illustriert der indische Schriftsteller Amit Chaudhuri anschaulich die von einigen Erwachsenen geschätzte und als positiv empfundene bürokratische Umgebung. So beschreibt er Büros als „der Kultur der Tasse Tee, dem Klatsch und der Vertagung auf unbestimmte Zeit" gewidmet. Sie seien „[i]n gewisser Weise ein angenehmer Ort zum Entspannen, an dem man zu sich findet, wie wenn man sich an einen abgelegenen Ort zurückzieht, um die Verbindung zur Welt zu trennen".

Doch ist es schließlich die Bürokratie, die die Verbindung zum Menschen kappt und ihn zu einem Getriebe herabstuft, das sich einzig durch Gewohnheit und Routine auszeichnet. Mit der Zeit wird die Bürokratie zu einem „Schalter", den der Mensch notwendigerweise drücken muss, um sich weiterhin wichtig zu fühlen auf einem Laufband, das er benötigt, will er sich seines eigenen Ichs vergewissern. Genau in diesem Moment hört die Bürokratie auf, sich für den Menschen zu interessieren.

Die Bürokratie hat alles durchsetzt; nicht nur Berufe, sondern auch Hobbys und Hoffnungen. Ebenso wurden die Talente bürokratisiert. So kann beispielsweise ein junger

Mensch, der einen inneren Drang zum Singen verspürt, keine Lieder schreiben und hoffen, dass sie bekannt werden: In 99,9 Prozent der Fälle würde er einen garantierten Flop landen. Will er eine Chance haben, muss er sein Talent bürokratisieren, das heißt Prüfungen in Talentshows bestehen, in denen für den Anlass ausgewählte Richter seine technischen Eigenschaften sorgfältig bewerten. Es ist, als sei sogar die Kunst auf ein Geschöpf der Bürokratie reduziert, leicht zerlegbar und neu formbar wie ein mathematisches Theorem. Unsere Gesellschaft hat die Musik aufgegeben. Doch Musik, so wie der größte tschechische Schriftsteller Milan Kundera behauptet, „öffnet im Körper Türen, durch die die Seele in die Welt hinaustreten kann, um sich zu verbrüdern". Kein Wunder, ist gegenwärtig eines unserer effektivsten „Talente", die dem Individualismus dienen, unsere Unfähigkeit zur Verbrüderung.

Wie das Singen ist das Leben selbst eine künstlerische Tätigkeit, wobei sich das Dasein nicht in ein bürokratisches Projekt einfügen lässt, in dem immer alles in Gruppen aufgeteilt ist: „wir", die „sie" beurteilen, und „sie", die „uns" beurteilen.

Die Schriftsteller bilden da keine Ausnahme. Denken Sie nur daran, wie viele Schreibkurse es auf der Welt gibt, ganz zu schweigen von den unglücklichen Talenten aufstrebender Schriftsteller. In der Tat empfehlen manche, wann man am effektivsten schreiben, welches Universitätsstudium man als Unterstützung für eine eventuelle zukünftige Karriere absolvieren, wo man schreiben, wie man den Schreibtisch und die ihn beleuchtende Lampe anordnen, wie oft man auf seinem PC Word öffnen sollte und so weiter.

Hier sind ein paar Namen von Menschen, deren Talent nicht bürokratisierbar ist: Der Nobelpreisträger Ernest

Hemingway schrieb im Stehen, er könne seine Meisterwerke nicht im Sitzen komponieren. Nicht einmal Lewis Carroll konnte, um sich die Seele aus den Fingern zu schreiben, sitzen bleiben. Dann gab es Autoren wie Antony Trollope, einen der berühmtesten Autoren der viktorianischen Epoche, die genau alle fünfzehn Minuten eine Seite zu Ende schreiben mussten, sonst wäre ihr Tag irreparabel ruiniert. Jeder kennt Marcel Proust, doch nur wenige wissen, dass er nur auf seinem Bett kauernd schreiben konnte und die Wände seines Zimmers mit Kork tapeziert waren, um Geräusche zu dämpfen und zu reduzieren. Und dann gibt (oder gab) es weltbekannte illustre Intellektuelle ohne Abschluss, allen voran den Nobelpreisträger Eugenio Montale.

Was haben all diese Männer gemeinsam? Ihre Fähigkeit, ganz unbürokratisch mit Worten zu spielen. Diesen berühmten Schriftstellern gelang es, ihre innere Sprache einfach zu meistern, indem sie einen intimen und äußerst persönlichen Treffpunkt mit ihrem „inneren Ich" herstellten, das sich nur in geringem Maße von ihrem Bewusstsein bestimmen ließ. Um dies zu schaffen, reichte ihnen kein mentaler Ansatz; sie brauchten vor allem eine physische Voreinstellung. Das ist das Interessanteste und Faszinierendste daran: Verfügten wir alle über ein inneres Alter Ego, das sich mittels einer intimen, absolut persönlichen Haltung ständig offenbaren möchte, würden wir es dann begrüßen? Was wäre, wenn die Art und Weise, wie wir uns und andere begeistern können, in unserer Fähigkeit läge, unsere Alter Egos zu befreien?

Ich denke, in eben diesem Akzeptieren aller inneren Ichs liegt die Gemeinsamkeit vieler genialer Köpfe, insbesondere im Bereich der Literatur. Ich habe keine Ahnung, ob jeder Mensch, der mit den eigenen Alter Egos zusammenarbeitet, in der Lage ist, ein Schriftsteller zu werden, doch mit Sicherheit kann er ein geschickter Entdecker von eigenen und fremden Gefühlen werden. Eine indische Praxis zur Bekämpfung von Depressionen schlägt vor, alle negativen Gedanken und unaussprechlichen Schmerzen auf ein Blatt Papier zu schreiben, um sie dann, nachdem man alles noch einmal durchgelesen hat, zu verbrennen und dabei zu beobachten, wie das Papier zu Asche zerfällt. Gewährt man der Hand die Freiheit zu schreiben, ohne sie durch den Verstand zu steuern, wird sie das Schamgefühl nicht behindern, wie es bei laut gesprochenen Worten geschieht.

Die heutige Sehnsucht nach medialer Reichweite ist nichts anderes als der Wunsch nach Befriedigung durch die Gesellschaft, von der bereits Aristoteles spricht. Der Mensch sei ein politisches Tier, schreibt der Philosoph, und meint damit nicht die Politik im heutigen Sinne, sondern die Fähigkeit des Menschen, in einer Gemeinschaft (polis) zu leben angesichts seiner angeborenen Abhängigkeit von anderen.

Die Suche nach der Zustimmung anderer wohnt dem Menschen inne, weshalb das Bild einer berühmten Person als eines Individuums, das für seinen bloßen Namen wiedererkannt und geliebt wird, einen gewissen Reiz auf die kollektive Vorstellungskraft ausübt. Indem wir krampfhaft danach streben, berühmt zu werden, übergeben wir anderen den wichtigsten Teil von uns selbst: unser Bedürfnis, geliebt zu werden.

Dass wir einen Prominenten schätzen oder beneiden, lässt sich für gewöhnlich nach zwei entgegengesetzten inneren Lesarten deuten: Die eine hat mit unserem erwachsenen Ich zu tun, das nach den wirtschaftlichen Möglichkeiten sowie der materiellen beziehungsweise emotionalen

Erfüllung derjenigen verlangt, die einen bekannten Namen tragen; die andere, viel tiefere, verborgene und daher entscheidende betrifft unser „inneres Kind", das weiß, was es bedeutet, von unbekannten Personen auf der Straße erkannt zu werden, die einem Komplimente machen: Man fühlt sich geliebt. Es gibt keinen einzigen Erwachsenen, der nicht eine Spur dieses Kindes in sich trägt, das er einmal war: So wie jede Blume aus ihren eigenen Wurzeln wächst, schlägt auch in jedem Erwachsenen noch ein Kinderherz.

Mit anderen Worten: Wir alle sind Eltern – Väter oder Mütter – unseres „inneren Kindes" und werden es ein Leben lang bleiben.

Der argentinische Dichter Francisco Luis Bernárdez erinnert daran: „Was der Baum an Blüten trägt, lebt von dem, was er begraben hat." Wenn wir an Bäumen ihre schönen Blüten sehen, dürfen wir nicht vergessen, dass wir diesen Anblick allein den Wurzeln verdanken. Die Wurzeln des Kindes sind seine Eltern, doch die Wurzeln des Erwachsenen sind das Kind, das er war und *nach wie vor ist*.

Nicht von ungefähr blicken die meisten Menschen, die das Bedürfnis hatten, berühmt zu werden, auf eine schwierige oder schmerzhafte Kindheit zurück; oder aber sie fühlten sich einfach nutzlos, da sie von ihren Eltern nicht genug beachtet wurden. Um nicht in diplomatische Schwierigkeiten zu geraten, nennt die Psychologie diese Menschen, die nicht unbedingt selbst Eltern sind, *caregiver*, also „Menschen, die sich kümmern".

Laut einem Bericht der *Daily Mail* war die Schauspielerin Charlize Theron erst fünfzehn Jahre alt, als sie erleben musste, wie ihre Mutter ihren Vater ermordete. Es war Notwehr: Der alkoholkranke, gewalttätige Vater schlug regelmäßig Mutter und Tochter und an dem folgenschweren Tag hatte er sich die Tochter vorgenommen.

Tom Cruise wurde im Alter von zwölf Jahren von seinem Vater verlassen und musste in der Nachbarschaft Zeitungen verkaufen, um seiner Mutter zu helfen, finanziell über die Runden zu kommen, da die drei Jobs, die sie täglich verrichtete, offenbar nicht ausreichten.

Rihannas Kindheit war geprägt von der Drogensucht ihres Vaters, der regelmäßig Alkohol und andere Drogen konsumierte. Seit ihrer Kindheit litt die Sängerin an heftiger Migräne, schämte sich jedoch so sehr für ihren Zustand, dass sie mit der Zeit glaubte, sie sei nicht normal.

Oprah Winfrey, die berühmteste US-amerikanische Fernsehmoderatorin, fühlt sich aufgrund der Hölle, die sie im Alter von neun Jahren erlebte, als sie missbraucht und wiederholt geschlagen wurde, wie eine Überlebende.

Es ist, als sei Bekanntheit eine Last, die zwar erdrücken kann, sich aber hauptsächlich über die Gemeinschaft erhebt, sei diese bloß imaginär oder real.

Dabei wirkt Platon immer noch verblüffend aktuell, obwohl er vor über zweitausendvierhundert Jahren geboren wurde. In seinem *Symposion* legt der Philosoph dar, wie der Mensch über das Verhalten seiner Mitmenschen schockiert wäre, könnte er nicht erkennen, dass jeder von dem Wunsch durchdrungen sei, berühmt zu werden und unsterblichen Ruhm zu erlangen. Um sich diese Bekanntheit in der Gesellschaft zu sichern, sei der Mensch fähig, so Platon, jeder Gefahr mit viel mehr Gewalt zu begegnen als der, die er zur Verteidigung seiner eigenen Kinder anwenden würde.

Man kann ruhig behaupten, dass der griechische Philosoph selbst ein Opfer des Ruhms war, sonst hätten uns seine Zeugnisse nicht erreicht. Im Gegensatz zu seinem Lehrer Sokrates, der seine Lehren nur mündlich weitergab, schrieb er jedes seiner Werke so, dass sie in gute Hände gelangten.

Eine weitere Bestätigung für das menschliche Streben nach Berühmtheit finden wir in den Worten Tacitus', der davon ausgeht, dass selbst die Weisen die Sehnsucht nach Ruhm zuletzt verlieren.

Das Böse als Unterhaltung

Wir haben uns gegen Tränen impfen lassen und bilden uns ein, die Traurigkeit besiegt zu haben, doch wir sind nur unempfindlich geworden gegen Scham und Schuldgefühlen.

Vermutlich leben wir in einer Art Drittem Weltkrieg, wie Papst Franziskus meint, gerade weil sich diese Art der Betäubung durchgesetzt hat; und die Nebelwolke, in der wir dabei schwelgen, lässt uns lediglich den unmittelbaren Gewinn sehen, ermöglicht uns also nur den Blick von der Nasenspitze zu unseren Fingerkuppen: Wie weit kann unsere Hand reichen? Zwar sind wir überzeugt davon, dass sie sich weit genug, über Meere und Ozeane ausstrecken kann, doch das täuscht: Unsere Hand ist an unserem Körper angewachsen, vor allem aber steht sie *ausschließlich* uns zur Verfügung.

Zurzeit wird das Böse weltweit in den Nachrichten präsentiert, als wäre es ein neuer Horrorfilm von Rob Zombie. Für den Zuschauer endet dann meistens, psychologisch betrachtet, alles in einem „Gott sei Dank, ist das nicht mir passiert", nicht anders als bei den meisten Zuschauern eines Horrorfilms während des Abspanns. Die Menschen erleben Angst als Unterhaltung, wollen sich aber immer sicherer fühlen in ihrem Zuhause, das sie in individuelle Festungen verwandelt haben, in denen sie sich vor der Außenwelt verschanzen.

Wir werden süchtig nach dem Bösen und fragen uns nicht mehr, weshalb es geschieht, sondern nur noch: „Wer hat es diesmal getan? War es ein Muslim? Das war ein Ausländer, oder?" Das Böse ist reine Unterhaltung. Es bedarf keiner Ursache mehr, um es zu erklären. Es geschieht schlichtweg, weil es normal ist. Und niemand schämt sich mehr für den aktuellen Stand der Dinge.

Es ist unser „individueller Fundamentalismus", der dazu führt, dass wir der Unterhaltung das Böse aufdrücken. Denn was uns nicht unmittelbar schadet, kann nur Unterhaltung sein, wie ein Film, der uns in unserem Sessel zusammenzucken lässt.

Jeden Tag pochen wir auf unser Recht, jedes Recht zu haben, solange dieses individuell ist: Wie Anna Pintore in ihrem Essay „Diritti insaziabili" („Unstillbare Rechte") schreibt, vergessen wir dabei die „Pflicht, Pflichten zu haben".

Doch diese Pflicht – und das ist nur scheinbar absurd – kann von den Massen – ich verwende bewusst den Plural – nur dann geschätzt werden, wenn jeder Einzelne den darin bestehenden individuellen Vorteil erkennt und sieht, wie sehr die Begriffe Gemeinschaft, System und Brüderlichkeit auf schmerzliche Weise verraten und zu einem kollektiven Bild der Entwurzelung werden.

Für viele wird der Schmerz von Frustration und dann von Aggression abgelöst, aus der sich die Notwendigkeit ergibt, einen Sündenbock zu finden. Haben sie den „anderen", den „Feind" identifiziert, verwandelt sich ihre Aggression in Wut; konnten sie hingegen keinen „zeitlich befristeten Täter" ausfindig machen, gewinnt die Depression die Oberhand.

Vincenzo Paglia schreibt in seinem Buch *Il crollo del noi* (*Der Zerfall des Wir*), dass wir in einer Gesellschaft leben, in der die Beziehungen gewissermaßen ausgetrocknet sind. Ausgetrocknet zu sein, so meine Vermutung, ist für den modernen Menschen die einzige Chance, sich einzubilden, über ein stabiles Ich zu verfügen.

Die Institutionen haben es verlernt, etwas Tragfähiges zu schaffen. Und wenn jede Gestalt im flüssigen Zustand unwägbare, nie vorhergesehene Richtungen einschlagen kann, so findet man sich, wenn die Beziehungen ausgetrocknet sind, in einem Sumpfloch wieder; hier ist zwar der Lebensraum schlechter für den Einzelnen – und das ist ihm durchaus bewusst; doch zumindest das System erscheint ihm dann als rational und berechenbar, als endlich überwachbar und beherrschbar – und wenn es nur für kurze Zeit ist.

Daher könnte der Begriff „ausgetrocknet" zwischen dem flüssigen Zustand der Gegenwart und dem flüchtigen der Zukunft stehen. Aus diesem Grund liegt in der Umbewertung des Bösen, das anderen widerfährt, zu einer Form der Unterhaltung für uns eine Möglichkeit, unsere Beziehung zu anderen auszutrocknen, um uns so vorzumachen, dass dieses Böse, das uns nicht selbst betrifft, einem praktischen, logischen und greifbaren Zweck dient, nämlich dem unserer Unterhaltung.

Das Böse erwächst immer aus einer Selbsttäuschung, aus einer Geschichte heraus, die wir uns selbst erzählen, wobei uns unsere Lust an dieser Fantasie die Zündschnur in die Hand drückt, um den Krieg zu entfachen.

Krieg zu führen ist Narzissmus, ihn zu bekämpfen ist Glaube, ihn zu vermeiden ist Altruismus. Wir befinden uns in einer Welt voller narzisstischer Staaten, die sich alle auf eine Ideologie oder ein Glaubensbekenntnis berufen und Sehnsucht nach Mauern und Stacheldrahtzäunen verspüren – seit dem Fall der Berliner Mauer wurden in verschiedenen Teilen der Welt viele andere errichtet. Es sieht so aus, als müsse sich jeder vor dem Bösen schützen, das von außen droht; dabei rührt das größte Übel stets von innen, von etwas tief in uns drin, das unsere Wurzeln krümmt und sie in eine unnatürliche Wuchsrichtung zwingen möchte.

Glück – Ein trauriger Begriff

Wir erleben heute die Suche nach einem Glück, das nicht mehr gleichbedeutend ist mit Vertrautheit: Anders als der von Max Weber beschriebene junge Mann in seinem zweckrationalen Handeln empfinden die meisten jungen Menschen unserer Zeit nicht in der Nähe zu ihren Lieben – oder im Aufbau einer Familie – Frieden und Zufriedenheit.

Für viele junge Menschen in den vergangenen Jahrzehnten bedeutete das Wissen um ihre Wurzeln eine ideale Säule für ein glückliches Leben. Heute sehen wir stattdessen, wie die Angehörigen der flüchtigen Moderne auf der Suche nach einem Glück sind, das in einer bewussten vorübergehenden Unsicherheit besteht; diese wird ausgelöst durch das Warten auf das nächste Bedürfnis, das plötzlich der potenziellen Möglichkeit, realisiert zu werden, das Tor öffnen könnte. Mit anderen Worten: Glück ist ein trauriger Begriff.

Glück heute ist der Versuch, das Herz zu masturbieren: Es ist die starke, mehr physiologische als mentale Empfindung, die wir erleben, wenn uns eine gute Nachricht erreicht, dieser Bruchteil einer Sekunde, in dem es sich anfühlt, als wollte das Herz ejakulieren. Glück ist nicht mehr ein Weg, sondern ein Augenblick, ein neuer Moment, der unser Bewusstsein für einige Sekunden trübt, um es dann mit einer Frage zurückzulassen: „Wie lange muss ich warten, bis ich dieses Gefühl erneut verspüre?"

In Anlehnung an die zu Beginn dieses Buchs beschriebene Vorstellung von der Liebe wird Glück zunehmend als eine Abfolge von Neuanfängen ohne logischen Schluss betrachtet; darin kann sich die emotionale Spannung nicht nur nicht erschöpfen, sie muss sofort recycelt und durch ein ebenso starkes Gefühl ersetzt werden, wobei das Subjekt ausgetauscht, das Wort „Glück" hingegen beibehalten wird.

So verwandelt sich Glück von einem Entwurf in eine physische Einheit.

Das Bewusstsein für das Vorläufige wird von vielen Menschen mittlerweile nicht mehr als Grenze oder Mangel wahrgenommen, sondern als Quelle des Selbstwertgefühls schlichtweg in die Selbstdarstellung integriert.

Es ist das Glück der Entwurzelten, die im Rhythmus ungezügelten Konsums geboren und aufgewachsen sind – also ungefähr ab den 1980er-Jahren.

Glück wandelt sich unaufhaltsam vor dem Hintergrund des Bewusstseins, über ein größeres Potenzial zu verfügen als der Nachbar, oder schlimmstenfalls der unreifen Gewissheit, es in Zukunft zu tun.

Das Problem liegt nicht darin, dass Glück Spannung bedeutet, denn das ist sein Markenzeichen.

Harmonie ist stets Spannung – denken wir nur zum Beispiel an die Begriffe Gabe und Freiheit. Wenn ich versuche, eine Balance zwischen zwei Gegensätzen zu finden, muss ich immer bedenken, dass dies kein statisches, sondern ein dynamisches Gleichgewicht in Bewegung ist, eine Art „bewegte Harmonie".

In der Sozialpsychologie spricht man von einer „Unterstützungs-Bank": Laut den amerikanischen Psychologen Toni Antonucci und James Jackson gehen Menschen, die

Hilfe geleistet haben, davon aus, bei Bedarf selbst Hilfe zu bekommen. Diese Erwartungshaltung scheint in unserer DNA verankert zu sein.

Geben macht uns frei, wenn es umsonst geschieht; geben wir hingegen, um etwas zu bekommen oder aus anderen Gründen heraus, werden wir abhängig und verlieren schließlich unsere Freiheit.

Wir müssen den verbreiteten Glauben zerstreuen, wonach Frieden statisch, sicher, ruhig, „müßig", also etwas „Festes" sei. Im Gegenteil: Frieden ist unruhig, er wird vom Donner gerührt, er ist stets ein Kompromiss wie die Demokratie und, wie es der Zufall so will, wie die Liebe.

Die wahre Herausforderung besteht darin, nach Freude zu suchen, nach jenem tiefen Gefühl, das mit Frieden und Gelassenheit einhergeht, im Gegensatz zum Glück, das uns stets in einem Potenzial schweben lässt.

Als Goethe einmal gefragt wurde, ob er im Großen und Ganzen ein glückliches Leben gehabt habe, meinte er, das sei sicherlich der Fall, auch wenn er sich nicht daran erinnern könne, eine einzige glückliche Woche erlebt zu haben.

Auch bei Goethe finden wir also diese Opposition, die Notwendigkeit, das Unglück berührt zu haben, um sich glücklich zu fühlen: Glück ist der Blick, der uns aus der Dunkelheit der Verwaistheit befreit, doch dafür muss er selbst die Verwaistheit gekannt und die gesamte Wurzel unseres Herzens durchdrungen haben, die in der Wahrheit gründet.

Was die sozialen Gegensätze bei jüngeren Menschen angeht, so kennen wir zwei, die an die Stelle vieler vorhergehender getreten sind: online und offline sein.

Was bedeutet es schon, auf die Straße zu gehen, eine Runde durch ein Einkaufszentrum zu drehen, einkaufen zu gehen? Es bedeutet, offline zu sein und zwischen den von Marc Augé beschriebenen Nicht-Orten zu wandern, seine Gefühle auszuschalten, zu wissen, dass wir alles sehen könnten, denn wenn man mitten unter Menschen ist, kann alles geschehen; es bedeutet, zumindest teilweise auf die eigene intime Sicherheitszone zu verzichten zugunsten der Freiheit. Offline zu sein bedeutet vor allem, sich nicht auszusuchen, wen man trifft, und folglich bereit zu sein, das zu sehen, was man nicht sehen will: Arme, Obdachlose, Ausländer, Kriminelle.

Im Gegensatz dazu bedeutet online sein, sich zu „isolieren, um Kontakte zu pflegen". Mithilfe des Internets kann man leicht Mauern errichten: Mögen wir eine Person nicht, dann blocken und meiden wir sie und weisen sie in wenigen Sekunden aus unserem Raum – dabei bleiben wir wie in den besten Kontrollräumen einer totalitären Macht anonym. „Online" gibt es keine Ausländer, Arme oder Kriminelle, zumindest sind sie weniger sichtbar als im Offline-Modus, weil wir selbst darüber entscheiden, ob wir sie sehen wollen oder nicht.

Um es noch einmal zusammenzufassen: In der Offline-Welt ist es notwendig, Offenheit nach außen zu wahren, auch wenn diese nicht mit Empathie zu verwechseln ist. Ganz im Gegenteil, wir können zunehmend von einer emotionalen Anästhesie sprechen, da die Gefühle einen neuen Raum gefunden haben, wo sie erlebt werden können: die andere, die Online-Welt.

Um zu verstehen, wie sehr sich gesellschaftliche Paradigmen in den letzten Jahren gewandelt haben, müssen wir nur daran denken, dass online noch vor kurzem das Gegenteil von dem bedeutete, was es heute ist: Man war online, wenn man einkaufen, zum Bahnhof und so weiter ging. Denn dort spielte sich das Leben ab. In unserem Alltag steht nun alles Kopf.

In der Online-Welt werden Abschottung, Totalitarismus und der Schein eigener Wirksamkeit gelebt – wer nicht in einem totalitären Regime gelebt hat, weil er oder sie zu jung dafür ist, macht sich vielleicht vor, das seien die Normen, aus dem sich dieses speist.

Die Menschen, insbesondere die jungen Leute, gewöhnen sich daran, diese Opposition auf den Online-Menschen zu verschieben, weil dies dem hedonistischen Impuls eine willkommene Abkürzung bietet: In der entwurzelten Konsumgesellschaft muss man etwas *tun*, da hat man keine Zeit zum Nachdenken.

Die neue Art zu leben, nämlich online, entwickelt sich vermutlich zu einer neuen Form des Unglücks.

Willkommen in der Post-Freiheit

Allmählich erkennen Jung und Alt, dass sie in einem gemeinsamen Schicksal vereint sind: in der Bewegungslosigkeit. Ein anderer entscheidet für sie. Um als gute Bürger zu gelten, müssen sie stillhalten und warten, bis sich die Knoten lösen.

Jung und Alt befinden sich daher in einem Zustand ständigen Wartens. Das ist uns nicht immer bewusst, aber mit Sicherheit frustriert es uns und macht uns hilflos.

Der 1920 geborene Journalist Enzo Biagi schrieb über seine Altersgenossen: „Jemand sagte, diese meine Generation habe nur Zeit zum Sterben. Doch eines ist noch trauriger, denn selbst wenn es in unserem Leben viele Tote gibt, so ist, wie Bernanos sagte, ‚besonders tot […] der junge Mensch, der ich einmal war'. Damit meine ich, der Krieg hat uns vor allem die Illusionen, Träume und Fehler unserer Jugend als Zwanzigjährige genommen, und niemand wird sie uns je zurückgeben können. Vielleicht ist dies der einzige große mildernde Umstand, den wir geltend machen können: Wir sind eine Generation, die nie eine Jugend hatte."

Dieses Gefühl, von dem Enzo Biagi spricht, könnte für junge Menschen einen Impfstoff gegen die Verführung des Totalitarismus bedeuten. Denn dieser ist nichts anderes als die Faszination für die eigene Selbstzerstörung, ein ungezügelter Ausdruck des Freud'schen Todestriebes, der jedem Menschen innewohnt: Um jemanden zu töten, begnüge ich mich damit, mich selbst umzubringen.

Nicht zufällig hat Papst Franziskus oft wiederholt: Wenn sich Jung und Alt begegneten, könnten sie die Welt retten, denn beide haben in ihrer momentanen Situation als gesellschaftlich Verworfene die Möglichkeit, das Leben umzugestalten und die Geschichte neu zu schreiben. Alte Menschen verkörpern ihre Erfahrungen, junge Menschen den Mut zur Veränderung.

Ein Hauptmerkmal derer, die in Bewegungslosigkeit verharren, ist: Sie können nicht entkommen und sich frei fühlen. Doch in unserer Gesellschaft sind die Impulse, uns frei zu fühlen, so zahlreich, dass sie jeglichen Bedarf nach Faulheit überwinden.

In den aktuellen gesellschaftlichen Veränderungen erleben wir eine Weiterentwicklung des Freiheitsbegriffs. Da wird Freiheit nicht mehr als ein rein physischer Zustand verstanden, den die Bürger der Konsumgesellschaft anstreben, sondern vor allem als ein mentaler Zustand, als Freiheit des Wandels und der Flexibilität sowohl in persönlichen Beziehungen als auch in Gewohnheiten.

Es handelt sich dabei um die Post-Freiheit, die sich beispielsweise in den gewandelten Zielen junger Menschen niederschlägt: Tatsächlich bringen sie diese immer wieder in der freien Wahl der Orte zum Ausdruck, die sie bereisen, an denen sie leben, neu beginnen oder an denen sie die Abfolge von Neuanfängen miteinander verweben.

Ich hörte ein Gespräch zwischen mehreren Jugendlichen von vierzehn, fünfzehn Jahren; einer von ihnen sagte von einer Person, die sie alle kannten: „Er hat wirklich ein großartiges Leben, in einer Woche zieht er aus den Vereinigten Staaten in die Karibik, und sie bezahlen ihn auch noch dafür, dann können sie ihn ganz plötzlich anrufen, und er muss nach London oder Barcelona."

Freiheit bedeutet für viele junge Menschen, sich frei von physischen Schranken zu fühlen; sie akzeptieren lediglich zeitliche Grenzen, einen Zeitpunkt also, der unversehens einen Neuanfang bewirken kann und ihnen von einem Augenblick auf den anderen die Möglichkeit gibt, dem, was sie gerade tun, jederzeit ein Ende zu setzen.

Das alles sieht – wer hätte es gedacht – dem Internet sehr ähnlich: tolle Zugangsmöglichkeiten, vor allem aber Lieblingspfade zum Aussteigen, jederzeit und individuell: Wir können „abschalten". Sobald uns etwas missfällt, fühlen wir uns stets frei, die Verbindung zu trennen.

Daher könnte die Post-Freiheit als Freiheit der zeitlichen Wahl und des Ausstiegs aus der Verpflichtung definiert werden, statt einer Freiheit, neue territoriale Räume zu betreten, in denen man langfristig bauen kann.

Der physische Raum ist sicherlich auch für die Jüngeren unter uns wichtig, aber denken Sie nur an die Begriffe von Heimat und Heimatstadt: Diese werden mit der Zeit vermutlich auf nostalgische Bilder reduziert werden, anstatt als Räume erlebt zu werden, in denen man in einem langfristigen Projekt bauen und leben kann.

Daher sind all diejenigen „bewegungslos", die beim ursprünglichen Freiheitsbegriff hängengeblieben sind und sich nicht dem Massenbegriff der Post-Libertät anpassen konnten. In einem fließenden und entwurzelten Kontext, in dem alles in Bewegung ist und diejenigen, die an dieser Dynamik nicht teilnehmen können, sich als verloren betrachten, fühlen sich diese Menschen endgültig „bewegungslos".

So ist die Bewegungslosigkeit eines der offensichtlichsten Merkmale der Abfallkultur, in der wir derzeit leben. Um uns herum gibt es eine Menge Leute, die schauen, beobachten, dann mit den Nachbarn sprechen und schließlich in ihr Haus zurückkehren, ihre Alarmanlage aus- und den Gartenzaun ein Stück höher bauen. So greift die Gleichgültigkeit um sich, die globalisierte Gleichgültigkeit.

Dazu schreibt Gramsci: „Gleichgültigkeit wirkt in der Geschichte mit Macht. Sie wirkt passiv, aber sie wirkt. […] Auch deshalb hasse ich gleichgültige Menschen: weil mich ihr Schrei der ewig Unschuldigen stört."

Zitierte und empfohlene Literatur

Aghaei, S. u. a.: „Evolution of the World Wide Web: From Web 1.0 to Web 4.0“, in: *International Journal of Web and Semantic Technology*, 3 (1), 2012, S. 1–10.

Ainsworth, M.: *Patterns of attachment. A psychological study of the strange situation*, Taylor & Francis Inc, London 1979.

Ammaniti, M.: *Manuale di psicopatologia dell'adolescenza*, Raffaello Cortina, Mailand 2002.

Ammaniti, M.: *Manuale di psicopatologia dell'infanzia*, Raffaello Cortina, Mailand 2001.

Ammaniti, M.: Gallese, V., *La nascita dell'intersoggettività*, Raffaello Cortina, Mailand 2014.

Ananthaswamy, A.: *The man who wasn't there: Tales from the edge of the self*, Dutton – Penguin, New York 2015.

Andersen, H. C.: *Märchen und Geschichten*, Philipp Reclam, Stuttgart 2012.

Arendt, H.: *Zwischen Vergangenheit und Zukunft. Übungen im politischen Denken I*, Piper, München 1994.

Attali, J.: *Die Welt von morgen. Eine kleine Geschichte der Zukunft*, Parthas, Berlin 2008.

Augé, M.: *Nicht-Orte*, C. H. Beck, München 2019.

Avalle, T.: *L'enfant, maître de simplicité*, Parole et Silence, Sion 2009.

Barthes, R.: *Fragmente einer Sprache der Liebe*, Suhrkamp, Berlin 2015.

Baudrillard, J.: „Videowelt und fraktales Subjekt“, in: Ars Electronica (Hrsg.): *Philosophien der neuen Technologie* (Internationaler Merve-Diskurs, Band 146). Merve Verlag, Berlin.

Bauman, Z.: *Dialektik der Ordnung. Die Moderne und der Holocaust*, Europäische Verlagsanstalt, Hamburg 2002.

Bauman, Z.: *Die Krise der Politik. Fluch und Chance einer neuen Öffentlichkeit*, Hamburger Edition, Hamburg 2000.

Bauman, Z.: *Fließende Angst*, Edition Konturen, Wien – Hamburg, 2021.

Bauman, Z.: *Flüchtige Moderne*, Suhrkamp, Berlin 2011.

Bauman, Z.: *Gemeinschaften. Auf der Suche nach Sicherheit in einer bedrohlichen Welt*, Suhrkamp, Berlin 2009.

Bauman, Z.: *Identity. Conversations with Benedetto Vecchi*, Oxford 2004 *(Orig.: Intervista sull'identità*, Laterza, Rom – Bari 2003*)*.

Bauman, Z.: *La vita tra reale e virtuale*, Egea, Mailand 2014.

Bauman, Z.: *Leben in der flüchtigen Moderne*, Suhrkamp, Berlin 2007.

Bauman, Z., Leoncini, T.: *Die Entwurzelten. Was uns bewegt im 21. Jahrhundert*, Eichborn, Köln 2018.

Bauman, Z.: *Le sorgenti del male*, Erickson, Trient 2013.

Bauman, Z.: *Liquid Love. On the frailty of human bonds*, John Wiley & Sons, Cambridge 2003.

Bauman, Z.: *Retrotopia*, Suhrkamp, Berlin 2017.

Bauman, Z.: *Verworfenes Leben. Die Ausgegrenzten der Moderne*, Hamburger Edition, Hamburg 2005.

Baumarchais, P. A. C.: *Die Figaro-Trilogie*, Insel, Berlin 1994.

Bear, M. F., Connors, B. W.: *Neurowissenschaften*, Springer Spektrum, Berlin 2018.

Beck, U.: *Die Metamorphose der Welt*, Suhrkamp, Berlin 2016.

Biagi, E.: *Quello che non si doveva dire*, Rizzoli, Mailand 2006.

Bourdieu, P.: *Gegenfeuer*, Herbert von Halem, Köln 2004.

Bowlby, J.: *Attachment and loss – 1: Attachment*, Basic Books, New York 1969.

Bringsjord, S., Govindarajulu, N. S.: „Artificial intelligence", in: Edward N. Zalta (Hrsg.): *The Stanford Encyclopedia of Philosophy* (Fall 2018 Edition).

Bringsjord, S. u. a.: „Real Robots that Pass Tests of Self-Consciousness", in: *Proceedings of the 24th IEEE International Symposium on Robot and Human Interactive Communication* (RO-MAN 2015), New York, S. 498–504.

Bringsjord, S. u. a.: „Toward axiomatizing consciousness", in: D. Jacquette (Hrsg.): *The Bloomsbury Companion to the Philosophy of Consciousness*, Bloomsbury Academic, London 2018, S. 289–324.

Carlson, E. A.: „A Prospective Longitudinal Study of Attachment Disorganization/Disorientation“, in: *Child Development*, 69 (4), 1998, S. 1107–28.

Castells, M.: *Communication power*, Oxford University Press, London 2009.

Chaudhuri, A.: *Die Melodie der Freiheit*, Karl Blessing, München 2001.

Chella, A., Manzotti, R.: „Machine Consciousness: A Manifesto for Robotics“, in: *International Journal of Machine Consciousnes*, 1 (1), 2009, S. 33–51.

Cherubini, P.: *Psicologia generale*, Raffaello Cortina, Mailand 2012.

Cingolani, R.: *L'altra specie. Otto domande su noi e loro*, Il Mulino, Bologna 2019.

Codeluppi, V.: *L'era dello schermo. Convivere con l'invadenza mediatica*, Franco Angeli, Mailand 2013.

Coleman, J.: „Introduction: Digital Technologies in the Lives of Young People“, in: *Oxford Review of Education*, 38 (1), 2012, S. 1–8.

Collerton, D.: „Psychotherapy and brain plasticity“, in: *Frontiers in Psychology*, 4, 548, 2013.

Corboz-Warnery, A., Fivaz-Depeursinge, E.: *Das primäre Dreieck: Vater, Mutter und Kind aus entwicklungstheoretisch-systemischer Sicht*, Carl-Auer-Systeme Verlag, Heidelberg 2001.

De Biase, L.: *Homo pluralis. Essere umani nell'era della tecnologia*, Codice, Turin 2015.

Dehaene, S., Lau, H. und Kouider, S.: „What is Consciousness, and Could Machines Have It?“, in: *Science*, 358, 2017, S. 486–92.

De Kerckhove, D.: *Connected intelligence. The arrival of the web society*, Kogan Page, London 1998.

Erikson, E. H.: *Kindheit und Gesellschaft*, Klett-Cotta, Stuttgart 1999.

Ferri, P.: *I nuovi bambini*, BUR Rizzoli, Mailand 2014.

Fithen, W. L. u. a.: *Deploying firewalls*, Software Engineering Institute, Carnegie Mellon University 1999.

Friedman, T. L.: *Thank you for being late. Ein optimistisches Handbuch für das Zeitalter der Beschleunigung*, Lübbe, Köln 2017.

Freud, A.: *Das Ich und die Abwehrmechanismen*, Fischer, Frankfurt a. M. 1984.

Fromm, E.: *Die Kunst des Liebens*, Deutsche Verlags-Anstalt, München 2006.
Fromm, E.: *Haben oder Sein*, dtv, München 2005.
Galimberti, C.: „Segui il coniglio bianco. La costruzione della soggettività nelle interazioni mediate“, in: Marta, E., Regalia, C. (Hrsg.): *Identità in relazione. Le sfide odierne dell'essere adulto*, McGraw-Hill, Rom 2011.
Gamaleri, G., Gamaleri E. G.: *Media: a ciascuno il suo*, Armando, Rom 2014.
Gardner, H., Davis, K.: *The App Generation: How Today's Youth Navigate Identity, Intimacy, and Imagination in a Digital World*, Yale University Press 2014.
Gauchet, M.: „L'enfant du désir“, in: *Le Débat* 2004/5 (Nr. 132), S. 98–121.
Geist, E. A.: „A Qualitative Examination of Two-year-olds Interaction with Tablet Based Interactive Technology“, in: *Journal of Instructional Psychology*, 39 (1), 2012, S. 26–35.
Giammatteo, C.: „Anoressia – magri come un chiodo“, in: *Focus Storia*, Nr. 64, Februar 2012, Mailand.
Gilbert, C., Yelland, N. J.: *iPlay, iLearn, iGrow. Project Report*, Victoria University, Melbourne 2014.
Gramsci, A.: *La città futura: 1917–1918*, Einaudi, Torino 1982.
Gramsci, A.: *Odio gli indifferenti*, Chiarelettere, Milano 2015.
Goethe, J. W. von: *Die Wahlverwandtschaften*, Insel Taschenbuch, Berlin 2012.
Guardini, R.: *Vom Sinn der Schwermut*, Butzon & Bercker, Kevelaer, 2017.
Han, B.-C.: *Im Schwarm. Ansichten des Digitalen*, Matthes & Seitz, Berlin 2013.
Hentschel, U. u. a. (Hrsg.): *Defense mechanisms. Theoretical, research and clinical perspectives*, Elsevier, Amsterdam 2004.
Hobbes, T.: *Leviathan*, Suhrkamp, Berlin 2011.
Hosseini, K.: *Traumsammler*, Fischer, Frankfurt a. M. 2014.
Howe, M. L., Cicchetti, D. und Toth, S. L.: „Children's Basic Memory Processes, Stress, and Maltreatment“, in: *Development and Psychopathology*, 18 (3), 2006, S. 759–69.
Jenkins, H.: *Confronting the challenge of participatory culture. Media education of the 21st century*, MacArthur, Chicago 2006.
Jenkins, H.: *Convergence culture. Where old and new media collide*, New York University Press, New York 2008.
Kierkegaard, S.: *Entweder oder*, Jazzybee, Altenmünster 2015.

Kittilson, M., Dalton R. J.: „The Experienced ‚Sense' of a Virtual Community: Characteristics and Processes", in: *The Data Base for Advances in Information Systems*, 35 (1), 2004, S. 64–79.
Kleinpeter, E.: *L'humain augmenté*, CNRS Éditions, Paris 2019.
Kundera, M.: *Die unerträgliche Leichtigkeit des Seins*, Hanser, München 1995.
Lacan, J., *Das Seminar, Buch 3 (1955–1956). Die Psychosen*, Turia und Kant, Wien 2016.
Laclau, E.: *Die populistische Vernunft*, Passagen, Wien 2022.
Lancelin, A., Lemonnier, M.: *Les philosophes et l'amour. Aimer de Socrate à Simone de Beauvoir*, Plon, Paris 2008.
Latronico, V.: *La mentalità dell'alveare*, Bompiani, Mailand 2013.
Leary, M. R., Tangney, J. P.: *Handbook of Self and Identity*, The Guilford Press, London 2011.
Lévy, P.: *Die kollektive Intelligenz. Für eine Anthropologie des Cyberspace*, Bollmann Verlag, Mannheim 1997.
Lewin, K.: „Eine dynamische Theorie des Schwachsinnigen" (1933), in: Ders.: *Die Lösung sozialer Konflikte: ausgewählte Abhandlungen über Gruppendynamik,* Christian Verlag, Bad Nauheim 1968.
Lukrez: *Über die Natur der Dinge*, Galiani, Berlin 2014.
Manuel, J.: *Der Graf Lucanor,* Zenodot Verlagsgesellschaft, Berlin 2013.
Marzi, A. (Hrsg.): *Psicoanalisi, identità e internet*, Franco Angeli, Mailand 2013.
Maser, A., Cloninger, C.: *Comorbidity of mood and anxiety disorders,* American Psychiatric Press, Washington 1990.
McLuhan, M.: *Die magischen Kanäle*, Verlag der Kunst, Dresden – Basel 1995.
Mead, G. H.: *Geist, Identität und Gesellschaft*, Suhrkamp, Frankfurt a. M. 1973.
Miłosz, C.: *Verführtes Denken*, Suhrkamp, Frankfurt a. M. 1980.
Montaigne, M. de: *Die Essais*, Anaconda, Köln 2015.
Morin, E.: *Die sieben Fundamente des Wissens für eine Erziehung der Zukunft*, Reinhold Krämer, Hamburg 2015.
Nietzsche, F. W.: *Also sprach Zarathustra*, Zenodot, Berlin 2016.
Nietzsche, F. W.: *Die fröhliche Wissenschaft,* Nikol, Hamburg 2021.
Nietzsche, F. W.: *Menschliches, Allzumenschliches*, Anaconda, Köln 2006.

Ortigue, S. u. a.: „Neuroimaging of Love: fMRI Meta-analysis Evidence Toward New Perspectives in Sexual Medicine“, in: *The Journal of Sexual Medicine*, 7 (11), 2010, S. 3541–52.

Owens T. J., Robinson D. T. und Smith-Lovin, L. (2010): „Three Faces of Identity“, in: *Annual Review of Sociology*, 36, 2010, S. 477–99.

Paglia, V.: *Il crollo del noi*, Laterza, Rom – Bari 2019.

Papst Franziskus: *Gott ist jung. Ein Gespräch mit Thomas Leoncini*, Herder, Freiburg 2020.

Pascal, B.: *Gedanken*, Anaconda, Köln 2011.

Pavese, C.: *Das Handwerk des Lebens. Tagebuch 1935–1950*, Claassen, Berlin 2001.

Peccarisi, L.: *Il cervello immaginante. La mente a due dimensioni*, Imprimatur, Reggio Emilia 2017.

Platon: *Der Staat*, Anaconda, Köln 2019.

Platon: *Drei große Dialoge: Phaidon. Das Gastmahl. Phaidros*, Piper, München 2002.

Porges, S. W.: *Die Polyvagal-Theorie und die Suche nach Sicherheit. Traumabehandlung, soziales Engagement und Bindung*, G. P. Probst Verlag, Lichtenau 2021.

Riva, G.: *Psicologia dei nuovi media*, Il Mulino, Bologna 2012.

Riva, G. u. a.: „Positive Technology. Using Interactive Technologies to Promote Positive Functioning“, in: *Cyberpsychology, Behavior, and Social Networking*, 15 (2), 2011, S. 69–77.

Rosenberg, M.: *Society and the aAdolescent Self-image*, Princeton University Press, Princeton 1965.

Rosling, H.: *Factfulness. Wie wir lernen, die Welt so zu sehen, wie sie wirklich ist*, Ullstein Berlin 2018.

Rousseau, J.-J.: *Abhandlung über den Ursprung und die Grundlagen der Ungleichheit unter den Menschen*, Reclam, Stuttgart 1998.

Santini, R.M.: „Software Power as Soft Power. A Literature Review on Computational Propaganda Effects in Public Opinion and Political Process“, in: *Partecipazione e Conflitto*, 11 (2), 2018, S. 332–60.

Savage, M.: „This Might Be the Loneliest Country for Expats“, in: *Bbc Worklife*, 6. Oktober 2016.

Schopenhauer, A.: *Die Kunst, mit Frauen umzugehen*, C. H. Beck, München 2010.

Schellenbaum, P.: *Die Wunde der Ungeliebten. Blockierung und Verlebendigung der Liebe*, Suhrkamp, Frankfurt a. M. 2021.

Sennett, R.: *Respekt im Zeitalter der Ungleichheit*, Berliner Taschenbuch, Berlin 2010.

Smelser, N. J.: *Sociology*, Prentice Hall, Upper Saddle River, NJ, 1995.

Spitzer, M.: *Digitale Demenz: Wie wir uns und unsere Kinder um den Verstand bringen*, Droemer, München 2014.

Swidler, A.: *Talk of Love: How Culture Matters*, UCP, Chicago 2003.

Tapscott, D., Williams, A. D.: *Wikinomics 2.0. Die Revolution im Netz*, Hanser, München 2007.

Taylor, M., Saarinen, E.: *Imagologies. Media philosophy*, Routledge, London – New York 1994.

Terzani, T., Zanot, M.: *Anam il Senzanome*, Longanesi, Mailand 2005.

Thoreau, H. D.: *Walden. Vom Leben im Wald,* Manesse, München 2020.

Tolstoi, L.: *Anna Karenina*, Anaconda, Köln 2010.

Turkle, S.: *Die Wunschmaschine: Der Computer als zweites Ich*, Rowohlt, Reinbek bei Hamburg 1984.

Turkle, S.: *Leben im Netz. Identität im Zeitalter des Internets*, Rowohlt, Reinbek bei Hamburg 1998.

Turkle, S.: *Reclaming conversation. The power of talk in a digital age*, Penguin Putnam, New York 2016.

Turkle, S.: *Verloren unter 100 Freunden. Wie wir in der digitalen Welt seelisch verkümmern*, Riemann, München 2012.

Valkenburg, P., Jochen, P.: „Online Communication Among Adolescents: An Integrated Model of Its Attraction, Opportunities, and Risks", in: *The Journal of Adolescent Health*, 48 (2), 2011, S. 121–7.

Valkenburg, P., Schouten, A. und Jochen, P.: „Adolescents' Identity Experiments on the Internet", in: *New Media & Society*, 7 (3), 2005, S. 383–402.

Valkenburg P., Jochen, P.: „Adolescents' Identity Experiments on the Internet: Consequences for Social Competence and Self-concept Unity", in: *Communication Research*, 35 (2), 2008, S. 208–31.

Walther, J. B.: „Computer-mediated Communication: Impersonal, Interpersonal, and Hyperpersonal Interaction", in: *Communication Research*, 23 (3), 1996, S. 1–43.

Walther, J. B.: „Selective Self-presentation in Computer-mediated Communication: Hyperpersonal Dimensions of Technology,

Language, and Cognition“, in: *Computers in Human Behavior*, 23 (5), 2007, S. 2538–2557.

Waytz, A.: „Psychology Beyond the Brain“, in: *Scientific American*, 5. Oktober 2010.

Weinschenk, S. M.: *Neuro web design. What makes them click?*, New Riders 2008.

Wong, B.: „All Couples Fight. Here's How Successful Couples Do It Differently“, in: *Huffington Post*, 20. Januar 2016.

Yang, E. L., Celestino, M., Koeppel, K.: „Women's Ideal Body Types Throughout History“, in: *Buzzfeed*, Januar 2015.

Zazzo, R.: *Riflessi. Esperienze con i bambini allo specchio*, Bollati Boringheri, Turin 1997.

Ziccardi, G.: *Il libro digitale dei morti*, Utet, Mailand 2017.

Zimbardi, P.: *Der Luzifer-Effekt. Die Macht der Umstände und die Psychologie des Bösen*, Springer, Berlin–Heidelberg 2017.